JN041901

わらべうた セラピー

全**63**曲 CD&二次元コード付き

わらべうた指導 ● 久津摩英子

解説 ● 星山麻木 (明星大学教育学部教授)

Gakken

はじめに

わらべうたは 保育を楽しむ道しるべ

久津摩 英子

　だれもが、いちどはうたってもらい、あそんでもらったわらべうたには不思議な力があります。だからこそ、世界各地でその土地のわらべうたがうたわれ、あそび継がれて、伝承されてきたのでしょう。

　私は子どもの頃、京都生まれの祖母がよくうたってくれて、母や弟とあそんだ「げたかくし」を、ときおり懐かしく思い返します。遠い昔の記憶ですが、このわらべうたをうたうと、そのときの情景が蘇ってきます。

　現代は、IT社会になり、人と会話をしなくても暮らしていけるようになりました。でも、赤ちゃんや子どもたちは、周りの大人の話を聞き、まねながら、言葉を獲得していきます。幼いときの体験がとても大事なのです。

　わらべうたにはおもしろい言葉がたくさん入っているので、好奇心いっぱいの子どもたちは、聞けばまねをしたくなります。また、旋律が緩やかで、リズムも2拍子か4拍子とシンプルなので、覚えやすくあそびやすいのも、子どもたちには魅力的でしょう。

　まずは、園で皆さんが繰り返しうたい、子どもとあそんで楽しみ、「わらべうた大好き」になってください。保育者との楽しいやり取りは、幼い頃の温かな記憶として子どもの心に残るでしょう。

　ご紹介するわらべうたが、保育を楽しみたい皆さんの道しるべとなりますように。

げたかくし
♪げたかくし　ちゅうねんぼう
♪はしりのしたのねずみが　ぞうりを　くわえて
♪ちゅっちゅく　ちゅ
♪ちゅっちゅく　まんじゅう　だれがくた
♪だれもくわへん　わしがくた
♪おもてのかんばん　しゃみせんや　うらからまわって　さんげんめ

＊歌詞は久津摩英子さんの記憶によるものです。

わらべうたは魔法の玉手箱

星山 麻木

　わらべうたで子どもとかかわる時間は、互いの手の温かさや優しさを直接感じられる魔法の時間です。

♪ちょちちょち（両手を 2 回合わせる）
♪あわわ（片手を口に当てる）
♪かいぐり　かいぐり（胸の前で両手を絡ませるように回す）
♪とっとのめ（片手のひらをもう片方の手の指 1 本で 2 回つつく）
♪おつむてんてん（両手で頭を 4 回軽くたたく）

　「ちょちちょち あわわ」は、幼い頃、妹とうたった懐かしいわらべうたです。祖母が「『♪とっとのめ』の動きは、最後にできるようになるよ」と教えてくれました。「へえ！　できる順番があるのか、わらべうたって、おもしろいなあ！」と、幼心（おさなごころ）に感動したことを今でも覚えています。

　発達の順序性について専門的に学ぶようになってから、ふと祖母の言葉を思い出し、わらべうたのすばらしさを認識するようになりました。

　わらべうたは、子どもの情緒の安定や言葉、運動の発達を助けます。また、感受性や自尊感情といった非認知能力（社会的情緒）の発達を助ける大切な手段でもあります。目に見える行動や成果に振り回されがちな私たちですが、目に見えにくい非認知能力は、生きていくための力として特に大切です。

　そして、わらべうたはそうした子どもの発達だけではなく、大人の心も癒やしてくれます。例えば、保育や育児に少し疲れたとき、寂しいとき、いらいらしたとき、シンプルな旋律でゆったりと子どもの肌にふれると安らぎます。これは、皮膚と皮膚がふれあうとき、「オキシトシン」というホルモンが分泌されるからです。「オキシトシン」は、養育者の情緒の安定にも欠かせない、安心ホルモンなのです。

　人と人が音楽を通じて、心も身体もふれあえるわらべうたは、何世代も受け継がれる宝物として、ずっと大切にしていきたいと思います。

Contents

わらべうた
セラピー入門

わらべうた Select

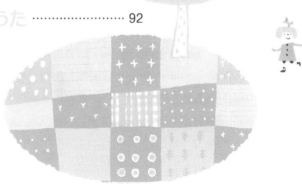

4つのグループ分けで

気持ちの
安定

子どもは、「情緒の安定」を基盤にして、「運動機能」「認識機能」「社会性」を獲得していくといわれています。そこで、この4つの観点に基づいて、久津摩先生に選曲していただきました。それが、**「気持ちの安定につながるわらべうた」「身体の育ちにつながるわらべうた」「言葉の世界が広がるわらべうた」「友達と一緒に楽しむわらべうた」**です。

「気持ちの安定につながるわらべうた」は、発達の基盤である「情緒の安定」につながるものと捉え、選曲数もほかの3つのグループ（身体・言葉・友達）より多くなっています。

「身体の育ちにつながるわらべうた」については、粗大運動（大きな動き）と微細運動（手指の動き）に分けました。粗大運動は、ふだんの子どもの姿を踏まえて、さらに「エネルギッシュに動く子と」と「動きがゆっくりな子と」の2つのグループに分けて紹介しています。

子どもの育ちは、さまざまな機能が深くかかわり合っています。「言葉」や「友達」に関する力は、いわば「総合的な力」です。基盤となる「情緒の安定」はもちろんのこと、「身体の育ち」も見ながら働きかけていく必要があるので、それぞれのあそびの解説（Dr.星山レクチャー）では、幅広く大事なポイントを取り上げています。

「気持ち（情緒）の安定」は、子どもの育ちを支える土壌です。
豊かな土壌に深く広く根を張り、さまざまな木が空に向かって伸びていきます。

身体の育ち

言葉の世界

友達と一緒

粗大運動

微細運動

エネルギッシュ
に動く
子と

動きが
ゆっくりな
子と

この本の使い方

わらべうたのあそびは、同じうたでも伝わっている地域や、あそぶ年齢によって、少し内容が違うことがあります。本書で紹介しているあそび例は、いずれも久津摩先生が、保育や子育て支援の現場で、実際に子どもたちとあそび、親しんでいる内容です。
表示している年齢は、「あそび例」の内容についての対象を示しています。目安として参考にしてください。

CDトラックナンバー
巻末のオーディオCDに収録されている、わらべうたの番号です。
※CDに収録されている音源は、現場でうたいやすいように、一部、楽譜とは調を変えて収録しています。

二次元コード
オーディオCDに収録されているわらべうたの音源は、二次元コードからも聞くことができます。各パートの冒頭にも二次元コードを掲載しています。二次元コード、または下記よりアクセスしてください。

https://www.hoikucan.jp/book/warabeuta/

Dr.星山レクチャー
それぞれのわらべうたについて、星山先生からの「わらべうたセラピー」につながる解説やアドバイスを掲載しています。
※「わらべうたセラピー」については、11〜14ページで概要を紹介しています。

気持ちの安定につながるわらべうた **2** （CD NO.02）

でこちゃん はなちゃん

あそび例　0歳　1歳

1 ♪でこちゃん

人さし指で、額を軽く2回つつく。

2 ♪はなちゃん

鼻を軽く2回つつく。

3 ♪きしゃ ぽー

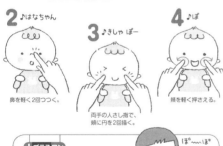

両手の人さし指で、頬に円を2回描く。

4 ♪ぽ

頬を軽く押さえる。

＋プラスワン
◎首が据わるまでは、寝かせた状態で顔をのぞき込むようにしてあそびます。首が据わったら、だっこしてあそんでもいいでしょう。

ぽ〜〜〜ぽ

で こちゃん　は なちゃん　きしゃ ぽ ー ぽ

Dr.星山レクチャー★
♥…こころ　◆…からだ　●…あたま

解説 & **観察**

●安心できる保育者の顔が近づいてきて、自分の顔を触られる心地よさを感じる体験が信頼感を育んでいきます。子どもが慣れてきたか、確かめながら繰り返しましょう。（●♥）

●額、鼻、頬など、顔のそれぞれの部位を意識して触り、表情をよく見てください。子どもの反応によっては、ふれるかふれないかくらいの距離を保ちながら、顔のそばで指を動かしてみるなどして、子どもの様子を観察しましょう。（◆♥）

かかわりのヒント

●ゆっくりしたテンポで繰り返すうたいましょう。「♪ぽ」で止めるところがポイントです。繰り返し楽しむ中で、子どもは、うたと、それに合わせた指の動きを覚えていきます。（◆♥）

●慣れてきたら、「♪ぽーぽ」の部分を、「♪ぽ———ぽ」「♪ぽ〜〜〜ぽ」「♪ぽっぽ」など、いろいろアレンジしてあそんでみましょう。いつもとちょっと違うテンポに、子どもの気持ちもアップ！（♥●）

解説 & 観察
そのわらべうたの特徴と、わらべうたのあそびを通して見ておきたい子どもの姿の観察ポイントを紹介しています。

かかわりのヒント
より楽しくあそぶためのかかわり方や、その子に合った援助のポイントを提案しています。子ども自身が安心し、楽しく感じられるかかわりのヒントを「セラピー」の視点から紹介しています。

3つのマーク
♥…こころ　◆…からだ　●…あたま

「わらべうたセラピー」をわかりやすくお伝えするために、「こころ（情緒の安定・対人関係）」「からだ（運動機能）」「あたま（言葉・認識）」の3つの視点を設けました。それぞれの内容について、関連する視点を文末に配置しています。この3つの視点については、15〜16ページの「わらべうたセラピーのキホン」で、解説しています。実践前にご一読いただくと、あそびの活用度が高まります。

＋プラスワン
それぞれのあそび例を実践するときに気をつけたいことや、アレンジ例を紹介しています。いずれも、実践家である久津摩先生からのアドバイスです。

楽譜
わらべうたの楽譜です。うたのリズムや音階を覚えるのに利用してください。

わらべうたセラピー入門

「わらべうたセラピー」という言葉は、
この本と一緒に生まれた、
オリジナルの言葉です。

「セラピー」は、本来、心の部分に使うことが多い言葉ですが、
セラピーの意味の一つである「療法」は、
心身両面のさまざまな機能の回復や癒やしに使います。
そして、音楽を手段として、
人の生理的、心理的、社会的、認知的な状態に作用する「音楽療法」も、その仲間です。

本書では、わらべうたがもつ「セラピー効果」に着目しました。
具体的にはどんな効果があるのでしょうか。
また、保育者として気をつけたいことや、大事にしたいことはどんなことでしょうか。

まずは、「わらべうたセラピー」の基本を紹介します。

セラピー効果1

保育者も子どもも
ともに穏やかになれる

　保育者がわらべうたをうたいながら自らの呼吸を整え、心拍が落ち着いてくることで、子どもにも優しい落ち着いた気持ちが伝わります。わらべうたはスキンシップが多く出てくるので、うたいあそぶうちに保育者の穏やかな気持ちが自然と子どもに伝わり、子どももやがて穏やかになるのです。それがよい循環になって、互いが穏やかな気持ちになっていきます。

Episode「心地よいテンポを子どもたちが教えてくれた」久津摩英子

　コロナ禍、わらべうたの講習をオンラインで始めた頃、参加者がうたうテンポの速さが気になりました。でも、いつか気づいてくれたらと、そのことにはふれずに回を重ねました。すると、講習の3回目くらいから、参加者のうたのテンポがゆっくりになってきたのです。

　そこで、どういうことに気がついたのかと、参加者に聞いてみました。参加者はみんな保育者です。「習ったわらべうたを、保育の中で試してみるうちに、だんだんゆっくりになっていった」のだそうです。ある保育者は、「そのほうが心地よいと、子どもたちが教えてくれました」と話してくれました。また、別の保育者は、「わたし自身も、だんだん肩の力が抜けるような心地よさを感じるようになったんです」と、振り返りました。保育者と子どもが心地よさを共有する体験を経て、よい循環が生まれたのです。

子育て支援にもぴったり！

　日々の保育の中で、子どもたちと楽しんでいるわらべうたを保護者に伝えてください。仕事や子育てに追われて疲れている保護者を、わらべうたの穏やかな世界へ誘うことが子育て支援につながります。わが子の手や身体をさすり、うたいはじめると、不思議と自分の気持ちがすっと軽くなり、穏やかな気持ちがよみがえってくるでしょう。

Episode 「産後ケアにも必要」久津摩英子

　子育て広場でお母さんたちと接していると、「お母さん自身がゆったりと揺れるような体験をしていない」と感じることが多々あります。参加しているお母さんたちに「あぐらをかいて、お子さんをだっこして、少しゆらゆら揺れてみましょう」と声をかけますが、肩に力を入れてガチガチです。だから、子どももなんとなく緊張して、だっこされてもぺたっと身体を寄せていません。

　でも、いろいろやり取りしながら、同じわらべうたを繰り返しているうちに、だんだんお母さんの表情が和らぎ、肩の力も抜けてきます。すると、子どもは敏感にその変化を感じ取って、すーっとお母さんにくっついていくのです。そうした親子の姿に出会うと、産後間もないお母さんたちを対象にした産後ケアにもわらべうたは必要だと感じます。

セラピー効果 3

少し困っている姿を
優しくサポートできる

わらべうたの楽しい歌詞やリズムは、安心感につながる鎮静効果と、うきうきとした気持ちを引き出す活動的な効果があります。また、「自分はできない」と思いがちな子が自尊感情を育めるような優しいルールでできています。ですから、子どもが見せる少し困っているような姿を優しくサポートすることができ、子どもたちはわらべうたを通して、安心感と楽しさを感じるようになります。

Episode 「わらべうたが子どもの緊張をほぐした瞬間」久津摩英子

久しぶりに訪れた園の1歳児クラスで、子どもたちとわらべうたを楽しんでいる中、遠巻きに見ている子がいます。私が近づくと、その分、彼は後ろに下がります。持参した指人形が気になるようですが、「どうぞ」と差し出すと、離れていきます。彼が見せる表情や態度からは、「人見知り」というだけではない何かを感じましたが、見て見ぬ振りでほかの子とあそびました。

おしまいにする頃、持参した指人形を使いながらわらべうたをうたっていると、彼がすっと私の膝に座り、差し出した指人形を受け取ったのです。そして、ようやく笑顔を見せてくれました。後で、「家庭の事情で母親がとても疲れている」と聞き、会ったときに感じた何かと関係があるかもしれないと思いました。緊張感や不安感でガチガチだった子が、わらべうたの穏やかなリズムとメロディに誘われ、その心をふわっとほどいた瞬間でした。

「わらべうたセラピー」の

わらべうたがもつ「セラピー効果」には、音楽療法の側面があります。音楽療法とは、「音楽のもつ生理的、心理的、社会的働きを用いて、心身の障害の回復、機能の維持改善、生活の質の向上、行動の変容などに向けて、音楽を意図的、計画的に使用すること」*です。つまり、活動における音楽がもつ力と、人とのかかわりを用いて、対象者を多面的に支援していきます。年齢、性別、障がいの有無を問わず、全ての人が対象者であり、言語を用いたかかわりが難しい人に対しても活用できる方法です。

「わらべうたセラピー」では、まず、わらべうたに子どもがどう反応するかを見ること（観察）から始めましょう。そのうえで、どうかかわることが必要かを考えていきます。この「観察」と「かかわり」を、「こころ」「からだ」「あたま」の３つの視点で捉えてみましょう。

*日本音楽療法学会の定義を引用。

こころ
情緒の安定・対人関係

「情緒の安定」「対人関係」の視点を指します。具体的には、良好な保護者との関係を育むことをベースとして、身近な大人との安定した関係や、友達との関係へと発達していくという視点です。

忙しい現代社会の生活の中では、大人が自ら情緒を安定させることが大切です。それは、保護者だけではなく、保育者にとっても同じでしょう。子どもに落ち着いてかかわる時間を確保するためには、ちょっとした工夫が必要です。「何をしてあそぼう？」と、すぐに思いつかないとき、道具などの準備がいらない「わらべうた」は、長く伝えられてきた子育ての知恵であり、文化でもあります。

大人になってから、子どもの頃の穏やかで楽しい気持ちがうたでよみがえる経験は誰にとっても宝物でしょう。もし、わらべうたのレパートリーがたくさんあれば、それだけ子どもと自分をつなぐ絆ができます。

幼児期になると、かかわる対象は徐々に友達になっていきます。なじみのあるわらべうたの旋律やリズムを通じて、友達と気持ちを共有したり、同じタイミングで動作をしたりする楽しさへの共感が感受性を育みます。保護者や、保育者など近くにいる大人から、近くにいる友達へと関心やかかわりが広がっていきます。

からだ

運動機能

「運動機能」の視点を指します。具体的には、体幹を使う大きな運動（粗大運動）と手指を使う小さな運動（微細運動）に関連する視点です。バランス感覚や空間認知も「からだ」に関連します。

わたしたちは、動くことで生命の活力を得ています。心臓から血液が送り出され、身体の中では重力に逆らったさまざまな機能が循環しています。また、揺れる、回る、跳ぶなど、さまざまな動きを体験することで、脳の機能を発達させていきます。わらべうたには、さまざまな動きが無理なく出てきます。目の前の子どもの育ちに応じて、揺れるあそび、回るあそび、跳ぶあそびなど、使いわけながらあそべるのも楽しみです。

また、友達とあそんでいるうちに、友達との距離のとり方や止まる位置などがわかるようになることは空間認知の力を育んでいるといえます。将来、読む、字を書く、振り付けを覚えるなど、学習の基礎になる力です。

あたま

言葉・認識

「言葉・認識」に関連する視点です。具体的には、覚える、話す、聴く、うたう、わかるに関連する内容を指します。

わらべうたには、隠す、動作のつながりを覚える、言葉を覚えるなど、記憶の発達を支える多くの言葉や動作が出てきます。「いないいない ばあ」はその代表格でしょう。

わらべうたの多くは、ラの音から上下しながら進行し、うたいにくい音に跳躍することが少ない旋律でできています。おそらく、人間の声で子どもの心にうたを届けるために安心してうたえる旋律が残り、結果としていちばんうたいやすい旋律になったと考えられます。どこか、旋律は似ていて、替え歌にもしやすく、自分なりのアレンジが自由にできるのもわらべうたのよいところです。

わらべうた Select

「気持ちの安定」「身体の育ち」「言葉の世界」「友達と一緒」の4つのグループに分けた63曲を紹介します。

「身体の育ち」は「粗大運動（エネルギッシュに動く子と／動きがゆっくりな子と）」と「微細運動」に分けました。

それぞれのグループの最初のページに、選曲にあたってイメージした子どもの姿の一例と、「セラピーポイント」と題した保育のポイントをまとめてあります。あそぶ前にご一読いただくと、より理解が深まります。

子どもたちと、朝夕、食事前、眠る前、また、散歩中やあそびの中で繰り返し楽しめる、お気に入りのうたが見つかりますように。

＊4つのグループ分けについては、8〜9ページで詳しく紹介しています。また、それぞれのあそびのページについては、10ページの「この本の使い方」で、各項目についてねらいや概要をお知らせしています。

気持ちの安定につながる わらべうた

まずは子どもの姿をキャッチ！

「気持ちの安定」を図ることは、子どもの発達の基礎形成につながります。「気持ち」は、そのときの体調や状況で大きく揺らぎ、ときには、発達する過程で避けては通れないジレンマや葛藤（かっとう）を抱えることもあるでしょう。また、その子自身がもっている個性が色濃く現れることもあります。

今日は行きたくない。
おうちにいる。

これがいいの。
これじゃなきゃ、
いや！

だっこして。
ずっと
だっこしていて。

いや！　いや！
いやだ！

どきどきして、
こわい。
どうしよう。

気持ちの安定につながるわらべうたのセラピーポイント

**子どもの
リズムをつかむ**

「この子はどのリズムかな？」と、その子の生体のリズムをつかむことが大切です。元気がないからと、アップテンポなわらべうたであそぼうとしても、子どものリズムと合わないと、子どもはむしろつらくなってしまいます。

例えば、速い、普通、遅いの3パターンに分けてみて、子どものリズムに合ったわらべうたを探してみましょう。リズムが合うと、関係が作りやすくなります。

待 つ

保育者が動きをリードするのではなく、子どもが動こうとするタイミングを、ゆったりとした気持ちで待ちましょう。わらべうたには、子どもが自分から動き、身体を寄せてくるなど、主体的な動きを引き出す力があります。そのためにも、落ち着いた声、呼吸を心がけましょう。

短いわらべうたを繰り返す際も、子どもが求めているかどうかを感じ取ることが大切です。子どもの気持ちに応えるやり取りが、大人への信頼感や、その場の安心感につながっていきます。

目を合わせる

子どもと目を合わせてから、あそんだり、うたったりしましょう。ただ、中には、目を合わせたがらない子もいます。ですから、「無理のない範囲で」です。子どもの気持ちを受け止めるつもりで、表情豊かにうたい、あそびましょう。

**スキンシップを
大切に**

手と手がふれる、膝に乗る、だっこしてもらうなど、わらべうたではスキンシップが頻繁に出てきます。哺乳類である私たちは、互いの肌にふれ合うことで安心感を得られるホルモンが分泌されます。信頼する大人にふれることは、子どもにとって安全の基地であり、愛情の原点です。保育者にとっても、わらべうたのスキンシップによって自身の心が安心感で満たされるのです。また、マッサージ効果によって、血行もよくなります。

ただ、子どもによって「心地よさ」の感覚は違います。特に感触に敏感さがある子どもの場合は、その子の好きなかかわり方を探すことが大切です。

気持ちの
安定につながる
わらべうた
→
音源は
こちらからも
確認できます

気持ちの安定につながるわらべうた ① CD NO.01

いちり にり さんり

あそび例　0歳　1歳

1 ♪いちり

子どもを寝かせて、上から
足首を軽く握って揺らす。

2 ♪にり

両膝を軽く握って揺らす。

3 ♪さんり

足の付け根に手を当てて、
軽く揺らす。

4 ♪しりしりしりしり

おしりや脇の下など、
身体のどこかをくすぐる。

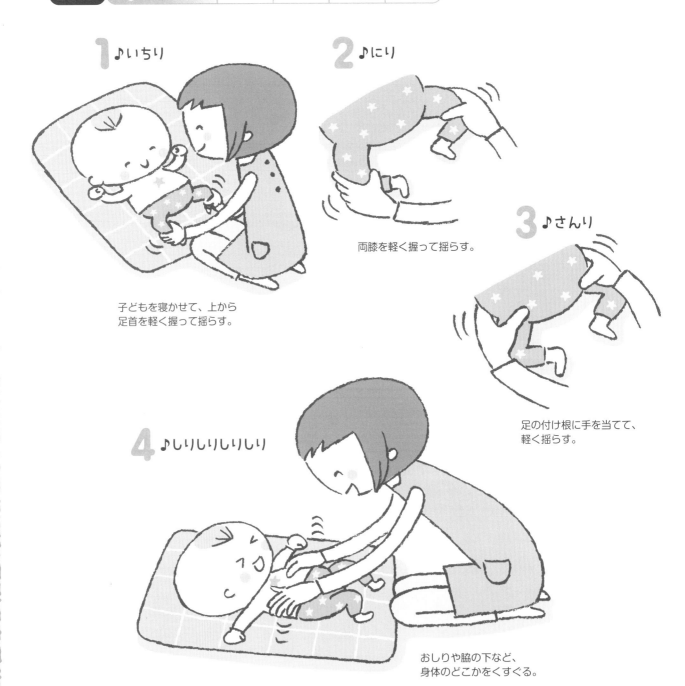

＋ プラスワン

◎子どもはくすぐりあそびが大好き！「♪しりしりしりしり」の前に
少し間をおくと、わくわく感が増します。

◎向かい合って座り、腕であそぶのも楽しいです。

1 ♪いちり
両手首を軽く握って
揺らす。

2 ♪にり
両肘を軽く
握って揺らす。

3 ♪さんり

二の腕あたりを軽く揺する。

4 ♪しりりしりりしり

あごの下をくすぐる。

Dr. 星山レクチャー

♥…こころ ◆…からだ ●…あたま

解説 & 観察

●触られる心地よさを体験するあそびで
すね。最後のくすぐられるところは、
リラックスした状態であれば、好きな
子が多いです。優しく揺らしながら、
子どもの反応を確かめましょう。不安
を感じている子や、触られることに敏
感な子などは、身体を強張らせること
があります。注意深く観察することが
大切です。（♥）

●心地よさの感じ方は子どもによって違
います。優しくゆったりとあそんでもら
うことで安心する子もいれば、ぎゅっ
と抱き締められるような感覚が好きな
子もいます。いろいろ試して、その
子が好きな感覚を発見しましょう。
（♥）

かかわりのヒント

●くすぐられて楽しそうな子には、「♪さ
んり」の後で一呼吸おいて、期待感
が高まるように工夫しましょう。（♥）

●身体を強張らせた子に対しては、子
どもの表情を確かめながらそっと触っ
てみましょう。ただ、ストレスにつなが
るほど敏感な子もいるので、嫌がると
きはふれないという対応も必要でしょ
う。触られることを好きになるタイミン
グは一人一人違います。その子が喜
ぶかかわり方を探してみましょう。（♥）

●「♪いちり にり さんり」の「いち」
「に」「さん」は、はっきり発音しましょう。
リズムや言葉が繰り返されることで、
子どもはしっかりと記憶し、同じフレー
ズでどきどきしたり、わくわくしたりしま
す。（●）

21

 気持ちの安定につながるわらべうた ② CD NO.02

でこちゃん はなちゃん

あそび例　0歳　1歳

1 ♪でこちゃん

人さし指で、額を軽く2回つつく。

2 ♪はなちゃん

鼻を軽く2回つつく。

3 ♪きしゃ ぽー

両手の人さし指で、頬に円を2回描く。

4 ♪ぽ

頬を軽く押さえる。

ぽ〜〜ぽ

＋プラスワン

◎首が据わるまでは、寝かせた状態で顔をのぞき込むようにしてあそびます。首が据わったら、だっこしてあそんでもいいでしょう。

Dr. 星山レクチャー

♥…こころ　◆…からだ　●…あたま

解説　&　**観察**

●安心できる保育者の顔が近づいてきて、自分の顔を触られる心地よさを感じる体験が信頼感を育んでいきます。子どもが慣れてきたか、確かめながら繰り返しましょう。（●♥）

●額、鼻、頬など、顔のそれぞれの部位を意識して触り、表情をよく見てください。子どもの反応によっては、ふれるかふれないかくらいの距離を保ちながら、顔のそばで指を動かしてみるなどして、子どもの様子を観察しましょう。（◆♥）

かかわりのヒント

●ゆっくりとしたテンポで繰り返しうたいましょう。「♪ぽ」で止めるところがポイントです。繰り返し楽しむ中で、子どもは、うたと、それに合わせた指の動きを覚えていきます。（●）

●慣れてきたら、「♪ぽーぽ」の部分を、「♪ぽ————ぽ」「♪ぽ〜〜〜〜ぽ」「♪ぽっぽ」など、いろいろアレンジしてあそんでみましょう。いつもとちょっと違うテンポに、子どもの気持ちもアップ！（♥●）

でこちゃん　はなちゃん　きしゃぽーぽ

気持ちの安定につながるわらべうた **3** (CD NO.03)

ぼうず ぼうず

あそび例 0歳 1歳

1 ♪ぼうず～にくいときゃ

子どもを寝かせて、両足の膝小僧を、うたに合わせてゆっくり触る。

2 ♪ぺしょん

払うような感じで膝小僧を軽くたたく。

＋プラスワン

◎歌詞を替え、リズムを少しアレンジして、足全体をなでてあそぶのもおすすめです。

1 ♪ぼうず ぼうず あしぼうず
　　あしを なでて

足の付け根から足首に向かって、唱えながらなでる。

2 ♪ぎゅっ ぎゅっ ぎゅっ

足の付け根→膝→足首の順に、手のひらで優しくつかむ。

Dr. 星山レクチャー
…こころ ◆…からだ ●…あたま

解説 ＆ 観察

● マッサージ効果のあるふれあいあそびです。最後の「♪ぺしょん」というオチは、愛情たっぷり、ユーモラスな動きです。子どもの表情を見ながら、保育者自身も楽しみましょう。（♥●）

● かかわる大人の正直な気持ちが込められた歌詞ですね。子どもと一緒にいる中で抱えるさまざまな気持ちを「そんなこともあるんだよね」と包み込む、セラピー効果抜群のうたです。（♥）

かかわりのヒント

● 愛情いっぱいの包み込むような気持ちで子どもに触ると、互いにとても幸せな気持ちになります。出会えたうれしさを手のぬくもりを通じて伝えるつもりであそびましょう。（♥◆）

● 「いつも幸せな気持ちでかかわっていたくても、そうはいかなくて、ときどき疲れてしまう」と思っている保護者を包み込む温かさがあります。保育参加や保護者会で取り入れてみてはどうでしょう。（♥）

ぼう ず　ぼう ず　か わいときゃ　か わいけ ど　に くいときゃ ぺしょん

気持ちの安定につながるわらべうた **④** (CD NO.**04**)

じー じー ばー

あそび例 | **0**歳 | **1**歳

1 ♪じー じー
子どもと目線が合う距離
で、布の両端を持って、
保育者の顔の前で軽く布
を上下に動かす。

2 ♪ばー

布を下げて、「いない いない
ばあ」のように顔を出す。

3 ♪じー じー ばー
1、2 を繰り返す。
※子どもの様子に
応じて繰り返す。

4 ♪ちり〜ん ぽろ〜んと

布を左右に振る。

5 ♪とんでったー！

布を上方に飛ばしたり、
子どもの顔や頭にかぶ
せたりする。

24

＋プラスワン

◎あそび例5で布を飛ばしたときは、子どもと一緒に布を目で追って、飛んでいく様子を言葉にしましょう。子どもの顔や頭にかぶせたときは、「ばあ」と言って布を取ったり、子どもが自分で取ろうとするのを見守って、「ばあ」と喜び合ったりします。

◎お座りができて、保育者のしぐさをまねるようになったら、子どもにも布を渡して、一緒にあそんでみましょう。

◎子どもと向き合い、手をつないであそぶのも楽しいです。気持ちがリラックスするまでは、「♪じーじーばー」を繰り返すだけでも十分です。

1 ♪じー じー

つないだ両手を上下に
ゆっくり動かす。

2 ♪ばー

顔を見合わせる。

3 ♪じー じー ばー   1、2を繰り返す。

4 ♪ちり〜ん ぽろ〜んと

つないだ両手を上下に
ゆっくり動かす。

5 ♪とんでったー！

つないでいた手を放る
ように上げる。

解説 ＆ 観察

●「♪ばー」と顔全体を見せるところが楽しいですね。このとき、子どもがどんな表情、反応をするか、観察しましょう。子どもの月齢が高くなってくると、少しずつ反応が変わってきます。どう変化するのか、よく見ていきましょう。何度繰り返しても楽しいあそびです。（♥）

●「いないいないばあ」をベースにするあそびは、そこにいてくれる人が見えなくても、「本当はちゃんといるんだ」という認知（保存の概念）の発達を助けます。例えば、月齢の低い子どもは、顔が見えなくなると、「どこかへ行ってしまった」と思って、関心がそれてしまいます。でも、繰り返しあそんで、月齢が高くなってくると、見えなくてもいるというおもしろさや、見え隠れする楽しさがわかってくるのです。（●）

●自分で布をつかもうとするかな？　自分の顔の近くであれば、自分で腕を動かして取ろうとするかな？　手指のこまやかな動きも見てください。（◆）

かかわりのヒント

●顔を隠すところから始めるのがポイントです。「♪じー」で少し顔が出て、すぐに見えなくなります。子どもにとってはこのどきどき感の繰り返しが、記憶する力を育む大切なあそびになります。子どもの呼吸の速さに合わせるような気持ちで動かしてみましょう。（♥●）

●子どもが思わず手を伸ばし、つかみたくなる位置で布を振るようにしましょう。触りたくなる環境は、主体的なかかわりにつながります。また、動きたくなるようなうたいかけや動きも大切にしていきましょう。例えば、0歳代であれば、はいはいで動きたくなるよう、ちょっと誘導するように移動しながらあそぶのもいいですね。（◆）

気持ちの安定につながるわらべうた **5** CD NO.**05**

ととけっこう

あそび例　　**0**歳　**1**歳

1 ♪ととけっこー
　　よが あけた

2 ♪まめでっぽう
　　おきてきな

3

うたいながら、
布で顔を隠したり、
見せたりする。

顔を隠したまま、
布を左右に揺らす。

うたが終わったら、「おはよう」と言いながら顔を見せる。このとき、布をふわっと投げても楽しい。

＋プラスワン

◎あそび例3の「おはよう」のかわりに、「○○ちゃん、元気かな？」「△△ちゃん、朝ごはん、おなかいっぱい食べてきたかな？」など、そのときの状況や子どもの育ちに合わせた言葉をかけ、繰り返しうたってみましょう。

○○ちゃん
元気かな？

げんき！

◎人形を持って左右に揺らしながらうたい、うたが終わったら「おはよう」と挨拶をしても楽しいです。

Dr. 星山レクチャー

♥…こころ　◆…からだ　●…あたま

解説 & **観察**

●顔が出てきたとき、楽しそうだったり、びっくりしたような様子だったり、表情や反応が豊かに変わるかに着目しましょう。顔が隠れて見えなくなると、子どもは少し不安になります。でも、うたに合わせていつもの顔が出てくると安心します。その繰り返しの体験を通して、信頼感と安心感が育まれます。（♥）

●子どもは保育者の顔や布をじっと見ているでしょうか？　知っている顔が「現れる・隠れる」の繰り返しを楽しむ中で、子どもは保育者の顔や表情を認知する力を育んでいきます。（●）

かかわりのヒント

●最後に布を顔から取ったとき、「また会えたね」という気持ちを伝えます。豊かな表情で感動を共有しましょう。（♥）

●子どもは動くものに興味を示し、よく見ます。なので、布の動きが止まった瞬間の「おはよう」「元気かな？」などの優しい言葉かけは記憶によく残ります。慣れてきたら、言葉を変えてみるとよいでしょう。このように楽しい瞬間に子どもは言葉を覚えていくのです。（●）

ととけっ こー　　よがあけ た　　まめでっ ぽう　　おきてき な

26

とと＝鳥を表す幼児語。

気持ちの安定につながるわらべうた **6**

おおやま こやま

あそび例　0歳　1歳　2歳

Dr. 星山レクチャー

♥…こころ　◆…からだ　●…あたま

解説 ＆ 観察

●顔は敏感な部位なので、そっと優しく触ることからスタートし、嫌がらないか確かめます。顔を見つめるうたは、子どもの表情がよくわかるので、触る場所による様子の違いを観察しましょう。（◆♥）

かかわりのヒント

●最後にくすぐりが出てくるわらべうたがいくつもありますが、最後の期待感はどのうたにも通じるところがありますね。「くすぐり」を察する、つまり、物事を予測することにつながっていきます。子どもの様子に応じて、一呼吸おいたり、くすぐり方を調節したりしましょう。（♥●）

●「♪おおやま」「♪こやま」のところは、強弱をつけて優しくうたいましょう。こまやかな動きと言葉を対応させることで、音の違いや強弱がわかるようになります。（●）

●触られることを嫌がる部位がある場合は、避けてあそびます。（♥）

1 ♪おおやま

人さし指で子どもの右眉をなでる。

2 ♪こやま

同じように左の眉をなでる。

3 ♪ながさかこえて

鼻筋を額のほうからなでる。

4 ♪せきぽんと

唇の上を軽く2回つつく。

5 ♪はねて

唇の下を軽く2回つつく。

6 ♪こちょ こちょ こちょ こちょ

あごの下をくすぐる。

＋プラスワン

◎3歳以上なら、保育者とあそぶだけでなく、子ども同士であそんだり、保育者と役割を交替したりしてあそぶとよいでしょう。子どもが保育者の役をするとき、保育者はくすぐられたら大げさに反応してあそびを盛り上げましょう。

おお やま こやま　ながさか こえて　せきぽんと はねて　こちょこちょ　こちょこちょ

ここは とうちゃん にんどころ

あそび例　**0**歳　**1**歳　**2**歳

1
♪ここは とうちゃん
にんどころ

人さし指で、右頬を
4回軽くつつく。

2
♪ここは かあちゃん
にんどころ

左頬を4回軽くつつく。

3
♪ここは じいちゃん
にんどころ

額を4回軽くつつく。

4
♪ここは ばあちゃん にんどころ

あごを4回軽くつつく。

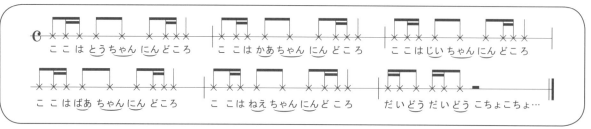

ここ は とうちゃん にんどころ　ここ は かあちゃん にん どころ　ここ はじい ちゃん にん どころ

ここ はばあ ちゃん にん どころ　こ こ は ねえ ちゃん にん どころ　だい どう だい どう こちょこちょ…

だいどう＝大道。「人として正しい道」という意味。

5 ♪ここは ねえちゃん にんどころ

鼻を4回軽くつつく。
（「ねえちゃん」は「にいちゃん」
でもよい）

6 ♪だいどう だいどう

顔の周りを2回なでる。

7 ♪こちょ こちょ…

あごの下をくすぐる。

＋プラスワン

◎ゆったりとしたテンポで、子どもと目を合わせ、表情を見ながらあそびま
しょう。

◎語りかけるようにうたいます。リズム譜にはうたの途中に休符が入ってい
ませんが、1小節ごとに少し間（ま）をおくような心もちでうたうと、うた
としぐさにメリハリが生まれます。

Dr. 星山レクチャー
♥…こころ ◆…からだ ●…あたま

解説 ＆ 観察

●顔は敏感な部位です。だからこそ、
愛情をたっぷり伝えられるとも言え
ます。このわらべうたには、世代
を超えて伝わる優しさがあります。
豊かな表情の変化をともに楽しむ
ようにしましょう。（♥●）

●さまざまな理由で、顔に触れるこ
とを嫌がることがあります。子ども
の機嫌があまりよくないときなどは、
あそぶ前に頬や額などを少し触っ
て確かめてみてもいいでしょう。
（♥）

かかわりのヒント

●わらべうたには、世代を超えて引
き継がれていく大切なものを渡す
という役割があります。「とうちゃ
ん、かあちゃん、じいちゃん、ば
あちゃんに似ているね」という歌詞
は、うたを通じて、ずっと続く愛
情を伝えています。「大好きな誰
かに似ているって、よかったね」と
いう気持ちを大事に、心を込めて
うたいましょう。（♥）

●くすぐる前は一呼吸おいて、子ど
もが「こちょこちょ」を予測して待つ
間（ま）を作ります。この間は、子
どもはもちろんですが、保育者に
とっても、期待に満ちた大切な時
間です。静かに期待を込めて、
子どもの顔を見つめましょう。
（♥●）

●子どもが顔を触られるのを嫌がる
ときは、保育者の顔を触って見せ
たり、人形を使ったりしてあそんで
みましょう。（♥）

あめこんこん

あそび例　0歳　1歳　2歳

1 ♪あめこんこん
　ゆきこんこん

両手の人さし指と中指で布を挟むように持ち、大きく上下に4回動かす。

2 ♪おらえのまえさ

布を持ったまま、胸の前で、両手を交差させる。

3 ♪たんとふれ

交差した腕を戻し、大きく布を2回振り下ろす。

4 ♪おてらのまえさ

布を持ったまま、合掌のイメージで両手を合わせる。

5 ♪ちっとふれ

優しい感じで小さく布を上下に2回動かす。

6 ♪あめこんこん
　ゆきこんこん

1と同じ。

＋プラスワン

◎1歳以上なら、子どもに布を渡して、一緒にしぐさを楽しみましょう。雨も雪も出てくるので、1年中あそべます。

Dr. 星山レクチャー
♥…こころ　◆…からだ　●…あたま

解説 ＆ 観察

●布の動きを目で追って見ているか、また、手を伸ばして、つかもうとするかを観察します。リズムや動きをまねしようとしているかもポイントです。しぐさの強弱の違いによる表情の変化もよく見てください。（◆●）

●胸の前で両手を交差させるしぐさは、身体の正中線（真ん中の線）を越えるちょっと難しい動きです。最初は保育者のしぐさを見るだけでも大丈夫ですから、ゆっくり見守りましょう。月齢が上がってくると、だんだんまねをするようになります。（◆●）

かかわりのヒント

●しぐさだけではなく、うたにも強弱が出てきます。「♪たんとふれ」は声を大きくしてうたい、「♪ちっとふれ」は、急に声を小さくしてうたいましょう。抑揚のあるうたい方や、大きなジェスチャーで、メリハリをつけると子どもに伝わりやすいです。（♥●）

あめこん　こん　ゆきこん　こん　おらえの　まえさたん　とふれ
おてらの　まえさちっ　とふれ　あめこん　こん　ゆきこん　こん

おらえ＝わたしの家　たんと＝たくさん

気持ちの安定につながるわらべうた **9** CD NO.**09**

にぎり ぱっちり

あそび例　0歳　1歳　2歳　3歳

Dr. 星山レクチャー
♥…こころ　◆…からだ　●…あたま

1 ♪にぎり ぱっちり たて よこ ひよこ

布を丸めて両手の中に入れ、うたいながら軽く上下に振る。

2 「ぴよ ぴよ ぴよ ぴよ」

ぴよ ぴよ ぴよ

1を繰り返した後、「ぴよ ぴよ ぴよ ぴよ」と高い声で言いながら、合わせていた両手を開いて見せる。

解説 ＆ 観察

●子どもは、動きと音が合っているとよく注目します。保育者の手の動きを子どもが目で追っているかどうか見てください。また、手の中から何かが出てくると期待しているか、子どもの表情の変化が観察ポイントです。（●♥）

●隠れていたものが現れる「いないいないばあ」の楽しさをベースにしたあそびです。また、「ぴよ ぴよ」という擬音語の繰り返しは注意をひきます。リズムも楽しいので、楽しく覚えやすいですね。（●）

かかわりのヒント

●動かす速さや向きを変えて、動きに変化をつけます。全身でリズムを取るように大きく動かしてみましょう。子どもが自分で丸めるとき、うまくいかなくても、まねしながらあそんでいるうちに、指の末梢神経を刺激し、こまやかな動きへとつながっていきます。（◆）

●手の中に入っているものを期待して見つめることは、認知の力を育みます。手を開く前に、ちょっと見せる、間を取るなど、変化をつけてみましょう。シフォンなどがふわっと広がるときの気持ちを共有し、「きれい」「すてき」など、感動の言葉を伝えましょう。（●♥）

＋プラスワン

◎シフォンのような張りのある布を使うと、両手を開いたときに、ふわっと広がります。布の代わりに、黄色いスポンジを使ってもおもしろいです。

◎3歳以上であれば、1人に1枚ずつ布を渡してあそぶのも楽しいです。子ども自身が片方の手のひらに布を乗せて、もう片方の手のひらを重ねて指を動かしながら小さく丸めて収めようとするでしょう。

♪ にぎり ぱっちり～ ♪

にぎりぱっちりたてよこひよこ

気持ちの安定につながるわらべうた **10** CD NO.10

ふくすけさん

あそび例　　1歳　2歳　3歳

解説 & **観察**

●子どもの指先は冷たくないでしょうか。手指を温めるように優しく刺激しましょう。また、触られることを嫌がっていないか、子どもの表情をよく観察し、確かめるように少しずつ触っていきます。（◆）

●うたいながらリズミカルに触っていくあそびを繰り返していくと、子どもは心の中で、「次はこの指に来るぞ！」と、予想するようになります。言葉にしなくても、楽しみに待っているのです。（●●♥）

1 ♪ふくすけさん

膝の上に子どもを乗せて、後ろから子どもの手を持つ。左手を広げ、親指→人さし指→中指の順に指先をつまむ。

かかわりのヒント

●保育者とのやり取りや、場の雰囲気に慣れていない子には、無理してあそばず、まずは穏やかな気持ちでうたってみます。軽く手を持ってうたってもいいでしょう。子どもの気持ちが動くまで、そっと心に寄り添ってみましょう。（♥）

2 ♪えんどうまめが

薬指→小指→薬指→中指の順に指先をつまむ。

3 ♪こげるよ

人さし指→親指→人さし指の順に指先をつまむ。

4 ♪はやくいって

中指→薬指→小指→薬指の順に指先をつまむ。

5 ♪かんましな

まぜまぜまぜ

中指→人さし指→親指の順に指先をつまんだ後、「まぜまぜまぜ」とささやきながら、手のひらを人さし指でかき混ぜるようにぐるぐる動かす。

＋プラスワン

◎あそびながら指をマッサージして、血流をよくしましょう。
◎両手とも行うことが大切です。
◎足の指でも構いません。手と同じように両足の指を触りましょう。

ふくすけ　さん　　えんどう　まめが　こげる
よ　　　はやくいって　かんましな

かんましな＝かき回しな・かき混ぜな

気持ちの安定につながるわらべうた **11** CD NO.11

そうめんや

あそび例　　1歳　2歳　3歳

1 ♪そうめんや
　　そうめんや

だっこしたり、向かい合ったりして、腕を上から下に向かって、指を細かく動かしながら2回なでる。　❖足で行ってもよい。

2 ♪おしたじ つけて

腕や手のあちらこちらを軽く4回押す。

3 ♪おからみ つけて

腕や手のあちらこちらを軽くつまむように4回つつく。

4 ♪とおくのほうへ

腕を下から上へ登るように指を動かす。

5 ♪とんじまえ～

脇の下をくすぐる。

＋プラスワン

◎2歳以上なら、1列に並び、うたに合わせて、前の人の背中や脇腹を触ったり、さすったりするあそびも喜びます。

Dr. 星山レクチャー
♥…こころ　◆…からだ　●…あたま

解 説 & **観 察**

●手先から、だんだん身体の中心に近づいてきて、くすぐられるところが、わくわくするところです。笑ったり、声を出したり、豊かな表情をするか確かめてください。（♥●）

●身体の中心（体幹）から、手先のほう（末梢）へ刺激を移動させ、また、手先から、身体の中心に戻していくあそびです。マッサージ効果があり、刺激の方向が行ったり来たりして、変化があり、刺激の範囲も広がります。身体を触りながら子どもの反応を確かめましょう。（◆）

かかわりのヒント

●2回なでる、4回押す、4回つつくなど、子どもの腕に触るときの回数を意識しましょう。リズムが伝わりやすくなります。また、子どもがあそびに慣れてきたら、触るときに弾みをつけたり、強さを変えたりして、変化をつけるようにしましょう。（◆●）

そう めん や そう めん や　おし たじ つけて おから み つけて　とおくのほうへ とんじまえ～

おしたじ＝出汁やしょうゆ　おからみ＝大根おろし

気持ちの安定につながるわらべうた **12** CD NO.**12**

かれっこ やいて

あそび例　　1歳　2歳　3歳　4歳　5歳以上

1 ♪かれっこ やいて

両手の甲を上にして前に出し、
上下に軽く4回揺らす。

2 ♪とっくらきゃして やいて

手をひっくり返して、上下に
軽く4回揺らす。

3 ♪しょうゆ つけて

手のひらにしょうゆを
つけるしぐさをする。

4 ♪たべたら

手を口元に当てて
食べるしぐさをする。

5 ♪うまかろう

「おいしい！」という表情で、
両手で頬を触る。

＋プラスワン

◎はじめは子どもの手を
持ってあそび、慣れてき
たら子どもと向かい合っ
て、しぐさを一緒に楽し
みましょう。

◎2歳以上なら、あそびを繰り返す中で、「今度は何を焼こうかな?」
と子どもたちに聞いて、焼くものを替えてあそびます。さらに、「何
を付けようか?」と付けるものも一緒に考えてアレンジしてみま
しょう。おもちにあんこ、おにぎりにみそ、おいもにバターなど
のほかに、プリンやイチゴなど、子どもの好きな食べ物が次々出
てきて楽しいです。

Dr. 星山レクチャー
♥…こころ　◆…からだ　●…あたま

解説 & **観察**

●最後の「♪うまかろう」で、「おいしい」と
いう思いを共有します。また、だっこされ、
手を触られてうたを聴いたり、向かい合
わせで目を合わせ、同じしぐさを楽しん
だりすることで、人のぬくもりや安心を
感じることができます。（♥）

●上下に手を揺らす、手をひっくり返すな
どの動きは、腕や手首の可動域を広げ
ていきます。あそび例3は協調運動と
いって、右手と左手を互いに協力させ
ながら行う動きです。あそび例4は食事
のときにも出てくる動きですね。わらべ
うたには、このような目と手の基本の動き
も含まれているのです。（◆）

●「＋プラスワン」で紹介されているような
アレンジは、子どもにもわかりやすい食
べ物のイメージを共有することで、さらに
あそびの楽しさに共感しやすくなり、言
葉の発達にもつながります。（●）

かかわりのヒント

●子どもが安心していないように感じたら、
繰り返しあそぶ中で、子どもの表情が
動いたしぐさを見つけて、その部分を
繰り返してみるのもいいでしょう。また、
手を握られるのを嫌がるようなら、無理
せず、人形を使ったり、向かい合わせ
になって保育者がやって見せたりなど、
いろいろ工夫してみましょう。（♥）

●焼くものを替えて楽しむアレンジでは、
発言した子のその子らしさを認めること
が大切です。「♪うまかろう（おいしい）」
という共感ポイントは大げさに、朗らか
に行いましょう。（●♥）

かれっこ　やいて　とっくらきゃして　やいて　しょうゆー　つけて　たべたら　うまかろうー

かれっこ＝魚のカレイ　とっくらきゃして＝ひっくり返して

気持ちの安定につながるわらべうた **13** CD NO.**13**

うちのうらの

あそび例　　　　　2歳　3歳　4歳　5歳以上

1

みんなで輪になって中を向いて立ち、おには輪の中に入る。

2 ♪うちのうらの　くろねこが

胸の前で両手ともこぶしを作り、ねこが引っかくような感じで、交互に上下に動かす。おにも同じしぐさをしながら、輪の中を歩く。

3 ♪おしろい つけて

そのままの手で、両頬におしろいを付けるまねをする。おにも輪の中を歩きながら、同じしぐさをする。

4 ♪べにつけて

片方の人さし指などで、口紅を付けるまねをする。おにも同じ。

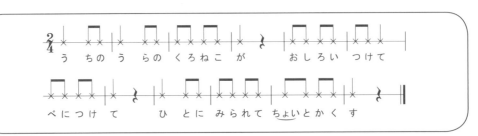

うちのうらの　くろねこが　おしろい　つけて
べにつけて　ひとに　みられて　ちょいとかくす

36

5 ♪ひとにみられて

片方の手を額にかざす。おに
も手を額にかざしながら歩く。

6 ♪ちょいとかくす

輪になっている子どもた
ちは、額に手をかざした
まま、うなだれるように
下を向く。おには最後の
「♪す」で止まり、前に
いる子の肩に両手をかけ
て、おにを交替する。

➕ プラスワン

◎うたの間、手はなるべくねこの
手にします。

◎おにになった子がしぐさをしながら歩くのは、年齢が低い子どもに
は難しいものです。最後の「♪ちょいとかくす」だけ歩くなど、子ど
もの様子に応じてアレンジしましょう。また、人数が多いときは、
おにの人数を増やしてあそぶといいでしょう。

◎おに用に、ねこの耳やしっ
ぽなど、ちょっとした小道
具を作ると、役交替のおも
しろさがアップします。

◎役交替のない簡単なしぐさ
あそびとしても楽しめます。

Dr. 星山レクチャー ⭐

♥…こころ ◆…からだ ●…あたま

解説 & 観察

●輪になって、互いの顔が見えるあそび
は、それだけで楽しくなります。「おに
に指されるかも」というどきどきした気持
ちは、子どもの豊かな情緒を育みます。
かくれんぼのように、物陰に隠れ、姿
が本当に見えなくなるわけではないの
で、安心感をもてるあそびです。（♥）

●ユーモラスな動作ですが、動きは複合
的で、右と左が同じではない動きが多
く出てきます。交互に手を動かす、片
手で口紅を付けるまねをするなど、こま
やかな動きです。しぐさの順番を覚え、
右左を意識することは認知機能の発達
を応援します。また、あそび例6で顔
を隠すことは、自分の身体の輪郭や大
きさを感じることにつながります。
（◆●）

かかわりのヒント

●おにになることも、子どもによって、楽
しみに思う子と嫌だと思う子がいますね。
最初は保育者がおにになり、楽しい雰
囲気を演出しましょう。おにを交替する
場面では、保育者も一緒におにになっ
たり、おにを増やしたりするとリラックス
できるでしょう。（♥）

●輪になったときの子ども同士の距離は、
最初の立ち位置で決まります。ここは
保育者が少し手伝いましょう。繰り返し
あそぶうちに、子どもは、「人とのほどよ
い距離の取り方」や「どのくらいの距離
だと手が届くか」などを学んでいきます。
（◆●）

気持ちの安定につながるわらべうた **14** CD NO.**14**

ぎっこばっこ ひけば

あそび例　　　　　　　**2歳**　**3歳**　**4歳**　**5歳以上**

1 ♪ぎっこばっこ ひけば となりのばんばこ かけたわんこ
　　もってきて おっぷりかっぷり みなのんだ

♪ぎっこばっこ
♪ひけば

向かい合って座り、両手をつないで引っ張ったり、
引っ張られたり、2拍ごとに舟をこぐように上体
を前後に倒す。

＋プラスワン

◎動きを楽しみ、慣
れてきたら「大波
が来ました」「風が
吹いてきました」
など、アドリブで
せりふを入れ左右
に大きく揺れても
楽しいです。

大波が
来ましたー

ぎっこばっこ　ひけば　　となりの　ばんばこ　　かけた わんこ もってきて　おっぷりかっぷり みなのんだ

Dr. 星山レクチャー ★
♥…こころ　◆…からだ　●…あたま

解説 ＆ 観察

●上半身を前後に倒すことで、相手
に近づいたり、遠ざかったりするの
で、少しどきどきしますね。地面か
ら遠ざかったり、近づいたりするブ
ランコあそびにも通じる楽しさです。
（♥）

●子どもの身体を起こすとき、頭が
しっかりついてきているかどうかを
よく見ます。「＋プラスワン」の「大
波」では、座位のままで、左右に
身体を大きく揺らすので、腹筋や
バランス感覚など大きな力が必要
です。（◆）

かかわりのヒント

●緊張していると、後ろに倒れるの
は不安感が伴います。子どもが強
く力を入れて保育者の手を握って
いるようであれば、動きをゆっくり
にしたり、背後にクッションを置い
たりして配慮しましょう。リラックス
してきたら、速さを変えてみます。
（♥◆）

●保育者が力を入れなくても、自分
の力でだんだん上体を引き起こせ
るようになったら、向かい合ってい
る距離を少しずつ離していくのも
よいでしょう。（◆）

ねんねんねやま

あそび例 | 0歳 | 1歳 | 2歳 | 3歳 | 4歳 | 5歳以上

♪ねんねんねやまのこめやまち　こめやのよこちょうをとおるとき
ちゅうちゅうねずみがないていた　なんのようかときいたらば
だいこくさまのおつかいに　ねんねしたこのおつかいに
ぼうやもはやくねんねしな　だいこくさまへまいります

子どもをだっこしたり、布団に横
になった子どもの身体にふれたり
しながらゆったりとうたう。子守
歌として、毎日、同じ場面で同じ
テンポで繰り返しうたう。

Dr. 星山レクチャー

♥…こころ　◆…からだ　●…あたま

解説 & **観察**

● 人は、近くにいる人と呼吸の速さ
とリズムが同じだと安心します。穏
やかでゆっくりとしたうたは、子ども
の心を穏やかにして、眠りを誘う
でしょう。（♥）

● 心拍くらいのテンポで揺らしたり、
さすったりすることで、子どもはお
母さんのおなかの中にいたときのよ
うなリラックスした状態になります。
子どもの表情や力の抜き具合など
を確かめ、テンポを調節しましょう。
（◆♥）

● 幼い頃の記憶は思い出すことがで
きなくても脳の中に残っていきます。
保育者の優しく穏やかな気持ちは、
子どもへの贈りものです。（●）

かかわりのヒント

● 子守歌は、子どもに安らぎを与え
るだけでなく、かかわっている保育
者の気持ちも穏やかにします。保
育者にとっても子守歌は疲れをい
やす自分へのセラピーでもあるの
です。ゆったりした気持ちでうたい、
保育者自身の身体もゆったりさせ
ましょう。（♥◆）

● 子どもを寝かしつけるツールとして
使いすぎると、子どもにとっては、
「眠らされるうた」になってしまいま
す。子どもに疲れが見えるときや
不安な気持ちでいるときなど、さま
ざまな場面でうたってみましょう。
（♥●）

ねんねん　ねやまの　こめやまち　こめやの　よこちょうを　とおるとき

ちゅうちゅう　ねずみが　ないていた　なんのようかと　きいたらば

だいこくさまの　おつかいに　ねんねした　この　おつかいに

ぼうやも　はやく　ねんねしな　だいこくさまへ　まいります

気持ちの安定につながるわらべうた **16** (CD NO.**16**)

おやゆび ねむれ

あそび例　**0歳**　**1歳**　**2歳**　**3歳**　**4歳**　**5歳以上**

1 ♪おやゆびねむれ〜ねんねしな

だっこをして揺すりながら、あるいは、布団に
寝かせて、さすりながらゆったりとうたう。

＋プラスワン

◎歌詞の一部を「♪○○ちゃんねむれ」「♪△△ちゃんも」
など、寝かしつけている子どもたちの名前に替えてうた
うなど、そのときの状況に合わせてうたうと、親しみが
もてます。

◎指あそびとしても楽しめます。0、1歳の場合は、子ど
もを膝に乗せて、後ろから抱え、うたいながら子どもの
指を寝かせていきましょう。

1 ♪おやゆび ねむれ

手のひらを上向きに持ち、
親指をゆっくり曲げる。

※折り曲げた指は、支
えている手の指で軽
く押さえながら、順
にあそんでいきます
が、イラストでは支
えている手を省略し
て説明しています。

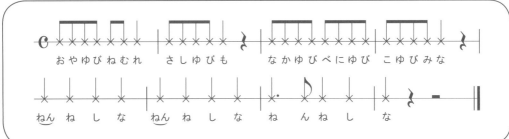

おやゆびねむれ　さしゆびも　なかゆびべにゆび　こゆびみな
ねんねしな　ねんねしな　ねんねしな

40　　べにゆび＝薬指

解説 & **観察**

●温かな手で触れられることで、大切な人からの愛情を繰り返し感じることができます。ゆったりと安心できる、その子に合ったリズムを探していきましょう。（♥）

●いつも近くにいてくれる人の声を子どもは記憶しています。それが安心感につながります。うたい方の上手・下手は関係ありませんので、安心してゆったりうたってみましょう。（♥●）

●年齢の低い子は、しぐさでコミュニケーションを取っています。指や身体の特定の部位を触ることで表情が変わったり、嫌がったりするような様子がないか、観察しましょう。（◆●）

かかわりのヒント

●安心して入眠できる環境として必要なのは、「ゆったりしたリズム」「整った呼吸」「繰り返し」です。また、少し薄暗く静かな、優しい声だけが聴こえる環境も大切です。（♥●）

●不安な気持ちが続いている様子が見られる子は、できるだけ同じ保育者がかかわれるように、職員間で連携を図りましょう。（♥）

●「＋プラスワン」で紹介されている指あそびは、できれば両手とも行うようにします。（◆）

2 ♪さしゆびも

人さし指をゆっくり曲げる。

3 ♪なかゆび

中指を曲げる。

4 ♪べにゆび

薬指を曲げる。

5 ♪こゆび みな

小指をゆっくり曲げる。

6 ♪ねんね

曲げた小指を開く。

7 ♪しな

曲げた薬指を開く。

8 ♪ねんね

曲げた中指を開く。

9 ♪しな

曲げた人さし指を開く。

10 ♪ねん

曲げた親指を開く。

11 ♪ね

親指を曲げる。

12 ♪しな

残りの4本の指をなでながら、親指を包むようにして寝かせる。

身体の育ちに
つながる
わらべうた **1**

粗大運動

エネルギッシュに動く子と

身体の育ちに
つながる
わらべうた

音源は
こちらからも
確認できます →

まずは子どもの姿をキャッチ！

元気いっぱいに動く子は、動くあそびが大好き。保護者から「落ち着きがない」「目が離せない」と相談されることがあるかもしれません。落ち着いてほしいと動きを制限すると、ますます激しくなることもあります。

> ジャンプ大好き！
> ぐるぐる
> 回るのも好き！

> あっちにも
> こっちにも行きたい！

> じっとして
> いるのは苦手。

> すべり台とか
> ブランコより、走るのが好き。
> でも、
> すぐに止まれない。

エネルギッシュに動く子と
楽しむわらべうたのセラピーポイント

エネルギーの発散とクールダウン

動きが落ち着かない子は、動きをたくさん必要とする子です。まずは、リズミカルなわらべうたでエネルギーを発散できるように援助しましょう。その後、静かに揺れて抱き締めます。抱き締める場面が多いわらべうたは、子どもを落ち着かせます。抱き締める強さは、子どもによって好みが違います。「そっと」がいいか、「ぎゅっと」がいいか、あそびを通して確かめましょう。

バランスが崩れる体験を

エネルギッシュに動く子の中には、身体のバランスを取りにくい子が少なくありません。そして、バランス感覚がアンバランスな子は、大きな動きを含む揺れるあそびを必要としています。バランス感覚を育てるには、バランスを崩すあそびがいちばんです。バランスが崩れる体験をしてこそ、立ち直る感覚も経験できるのです。

ちょっと待つ体験

動きたくてしかたがない子にとって、「ちょっと待つ」体験は貴重です。あそびの中で楽しく待つ体験を重ねることが、自分の身体の動きをコントロールすることにつながります。また、保育者や友達の動きに合わせて動く楽しさを体験することも大切です。そのためにも、ちょっと待つ機会を意識して取り入れましょう。

粗大運動 エネルギッシュに動く子と

うまはとしとし

あそび例　**0**歳　**1**歳　**2**歳　**3**歳　**4**歳　**5**歳以上

1 ♪うまはとしとし ないてもつよい
うまはつよいから のりてさんもつよい

向き合うスタイルで子どもを
膝に乗せ、膝を上下に動かす。

2 ♪ぱかっ ぱかっ
どっしーん

何度か繰り返しうたって、最後の
「♪ぱかっ」で足を開いて、「♪ど
っしーん」で子どもを床に下ろす。

Dr. 星山レクチャー
♥…こころ　◆…からだ　●…あたま

解説 & 観察

●リズミカルな動きを繰り返し楽しむことで、「動きたい」というエネルギーを発散させることができます。（♥◆）

●動きに合わせて傾いた身体を垂直に保とうとしているか、着目しましょう。（◆）

●子どもが保育者の身体にふれて感じる安心感と、上下動の揺れによって感じるわくわく感と、どちらも共感ポイントです。上下に揺れる、止まる、姿勢が変わるなど、それぞれの変化のタイミングで、保育者は子どもと目が合うか、心が通じ合っている手応えを感じるかを確かめましょう。（♥）

＋プラスワン

◎「♪のりてさん」の部分を「○○ちゃん」など、子どもの名前に替えても楽しいです。

◎子どもをおんぶして、ギャロップステップで動き、「♪ぱかっ」のところではジャンプすると、さらにダイナミックです。

ぱかっ、
ぱかっ

かかわりのヒント

●膝を上下に動かすたびに、子どもの足の裏が床をトントンとノックするように子どもの両足をしっかり床に着けましょう。子どもが落ち着いてきます。（♥◆）

●揺れに対して姿勢が不安定になる子どもには、脇の下をしっかり支え、ゆっくりスタート。姿勢が安定したら、手をつないであそびます。（◆）

●揺れとうたのリズムが合うように動かします。また、動きを変える前に少し間（ま）をとってみてもいいでしょう。笑顔を大切に、速さや強さを調節しましょう。（●）

うま は としし ないても つ よ いうまは

つ よいから の りてさんも つ よ い ぱかっぱかっ どっしーん

としとし＝速い・迅速。馬がトコトコと走る擬音語にもかかっている。

粗大運動 エネルギッシュに動く子と

おでんでんぐるま

あそび例　　0歳　1歳　2歳　3歳　4歳　5歳以上

1 ♪おでんでんぐるまに　かねはちのせて　いまにおちるか
まっさかさんよ　もひとつ　おまけに　すととーん

2 ♪しょ

向き合うスタイルで子どもを膝の上に乗せる。脇の下を両手でしっかり支えたり、手をつないだりして、うたに合わせて膝を上下に揺らす。

足を開き、そっと子どもを床に下ろす。

おでん　でんぐるまに　か　ねはち　のせて　　いまに　おちる　か
まっ　さか　さん　よ　　も　ひ　とつ　お　まけ　に　す　とと　　ーん　しょ

Dr. 星山レクチャー　♥…こころ　◆…からだ　●…あたま

解説 & **観察**

●ふだんエネルギッシュに動く子も、こうしたあそびの中で、その動きがぎこちない感じがすることがあります。脇の下を支えるときに身体を反らせる、保育者に身体を預けていないなど、ぎこちない感じがしないか、また、上体を支える筋力やバランスを取る力が弱い感じがしないか、観察してみます。(◆)

●上下に揺らす速さや刺激の強さを変えると、表情や身体の動きが変わります。揺らしているとき、表情は豊かになるので、視線を合わせるようにして、子どもの反応を観察しましょう。(♥)

●繰り返しあそんでいると、「♪すととーん」の後の動きを予想できるようになります。変化への期待感があるか見てみましょう。(●)

＋プラスワン

◎子どもをおんぶして、ギャロップステップで走り、「♪すととーんしょ」で、3回跳ぶあそびも楽しいです。親子あそびのときに、お父さんやお母さんにおんぶしてもらってあそぶと、子どもたちは大喜び。

◎2歳以上なら、保育者2人で手を組んで土台を作り、子どもをみこしのように乗せて揺らすあそびに挑戦してみましょう。

①保育者2人が向かい合ってしゃがみ、左手の甲を上にして出し、右手で左手首を握る。

②互いに相手の右手首を左手で握って土台を作る。

③子どもは保育者の腕の中に足を入れてまたがり、保育者の肩にしっかりつかまる。

④うたいながら、土台を上下に揺らす。

⑤「♪すととーんしょ」の「♪しょ」で下におろす。子どもの足が地面に着いていることを確認して、土台の手を解く。

Dr. 星山レクチャー ★
♥…こころ ◆…からだ ●…あたま

かかわりのヒント

● 揺れは、ゆっくりからスタートして、だんだん速くするなど、勢いを変化させて、保育者の膝の上で飛び跳ねる楽しさが伝わるようにします。バランスを取るのが難しい子は、特にこのような揺れるあそびが大切です。（◆）

● 好きなテンポは、子どもによってゆっくりだったり、速かったり、一人一人異なります。子どもの好きなテンポだと、よく笑顔が見られます。特に月齢の低い子やはじめてあそぶ子には、ゆったりと上下に揺らし、怖がっていないか様子を見ながら進めます。（◆♥）

● 「♪まっさかさんよ～すととーんしょ」のところは、言葉の音も楽しいですね。豊かな表情を引き出すようにあそびましょう。「♪いまにおちるか」「♪もひとつおまけ」などは、子どもが覚えやすい日常的な単語です。身体をリズムに乗せながら、言葉を理解していくでしょう。（●）

● 「＋プラスワン」で紹介されているようなおんぶやおみこしなどにアレンジすることで、保育者の身体から自分の身体が少し離れるようなスリルを味わえます。激しい動きが好きな子には、保育者とのふれあいの中で「動きたい」思いが満たされるように、高さや強さを調節しましょう。（◆♥）

身体の育ちにつながるわらべうた **3** CD NO.**19**

粗大運動 エネルギッシュに動く子と

あしあしあひる

あそび例　　　　　　　　3歳　4歳　5歳以上

♪あしあし あひる かかとを ねらえ

向かい合って手をつなぎ、保育者の足の甲の上に子どもを乗せて歩く。リズムに合わせてうたいながら、前後や、左右に歩いて、繰り返しあそぶ。

＋プラスワン

◎保育者も子どももバランスを取ることが必要なので、短時間のあそびを何回か、時間をおいてあそぶのがおすすめです。

◎子どもが保育者の足に両腕でつかまり、保育者が子どもの背中や脇を支えるスタイルでも楽しめます。

$\frac{2}{4}$ ✕✕ ✕ ｜ ✕ ✕ ｜ ✕✕ ✕✕ ｜ ✕ ✕ ✕ ‖
あしあし　あひる　かかとを　ねらえ

Dr. 星山レクチャー
♥…こころ　◆…からだ　●…あたま

解説 & 観察

●後ろ歩きや横歩きなど、ふだん経験しないような動きを楽しめます。また、かかとを下ろして動くので、つま先立ちで歩くことが多い子におすすめのあそびです。子どもが安心した表情で楽しんでいるか、確かめましょう。（♥◆）

●保育者の動きに合わせて、足を左右交互にスムースに出しているでしょうか。子どもの足が保育者の足から外れて落ちない速さが、子どもに合っている速さです。（◆●）

●自らバランスを取ろうとしているかを確かめながら、少しずつ速くしてみましょう。足首がしなやかに動いているかも感じてください。（◆）

かかわりのヒント

●最初は子どもを引き寄せながら、息を合わせてゆっくり歩きましょう。左右の足の協調運動を誘うように、保育者の身体を少し大げさに傾けるのもよいでしょう。同じテンポで一緒に歩くことは、子どもにはとてもうれしいことです。（◆♥）

●保育者は子どもの速さに合わせてうたい、リズムを大げさにはっきり刻むように動きます。振動に合わせて楽しく動くことで、子どもは「あし」に意識を向けることができるでしょう。（●）

粗大運動 エネルギッシュに動く子と

なこうか とぼうか

あそび例 3歳 4歳 5歳以上

1 ♪なこうか とぼうか なこうか
とぼうか なこよか

7〜10cmの高さの段差の端に立
ち、うたに合わせて、腕を前後に
振り、膝や足首を屈伸させる。

2 ♪ひっとべー！

全身を伸ばすようにし
て跳び下りる。

プラスワン ◎保育者も一緒に身体を大きく屈伸させて、関節の
屈伸を誘います。また、保育者が全身を伸ばして
跳ぶ姿を見せるようにするといいでしょう。

Dr. 星山レクチャー
♥…こころ ◆…からだ ●…あたま

解説 & **観察**

●ジャンプを誘うわらべうたです。わず
かな段差でも怖がる子がいる一方で、
待ちきれずにうたの途中で跳び下りる
子もいるでしょう。子どもの表情や様
子をしっかり観察しましょう。（●●♥）

●腕の振りと、膝の屈伸のリズムは合
っているでしょうか。腕と足の動きが
協調していて、滑らかに動けているか
が、観察ポイントです。（◆）

●跳ぶとき、両足が同時に離れている
かどうか確かめます。はじめの頃は両
足がばらついても、楽しんでいるうち
に、両足がそろい、高さも出てきます。
（◆）

かかわりのヒント

●怖がっている場合は、子どもの隣に
立ち、子どものリズムに合わせて、
大げさに動作をしましょう。最初は段
差がなくてもよいし、跳べなくても大
丈夫。隣にいる保育者と、「ちょっと
怖かったけれど、勇気を出したら、跳
べた」という感動を共有できるように
援助します。（♥）

●言葉かけを待たずに跳び下りる場合
は、うたの後、動きをいったん止めて
待つことを一緒にやってみましょう。
一呼吸おく経験になります。（◆●）

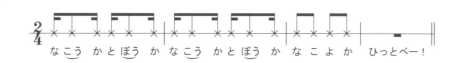

$\frac{2}{4}$ なこう かとぼう か なこう かとぼう か なこよ か ひっとべー！

身体の育ちにつながるわらべうた **5** CD NO.**21**

粗大運動 エネルギッシュに動く子と

ちびすけどっこい

あそび例　　　　　　　　**3歳**　**4歳**　**5歳以上**

1 ♪ちびすけ どっこい はだかで こい　　両足を開いて、膝上に手を置き、四股を踏むような体勢を作り、片足ずつ交互に床を4回踏みならす。

Dr. 星山レクチャー　♥…こころ　◆…からだ　●…あたま

解説 & 観察

● 2拍子のリズムで動く、めりはりが楽しいあそびです。片足で立ったときにぐらぐらしていないか、観察しましょう。片足を上げたまま、体勢を維持するには、バランスを取ることや体重移動の動きを獲得することが必要ですが、子どもにとっては簡単ではありません。「動くことが大好き」ということとは違う力なのです。また、両手を回す動きの滑らかさも、よく観察してみてください。（◆）

● ユーモラスな動きを楽しんでいるか、表情を観察しましょう。「片足立ちがぐらぐらしている」「動きがぎこちない」場合、例えば、なわとびの1回跳びや、「走る・止まる」で動きを静止したときも、ぐらぐらしたり、バランスが取りにくかったりして、同年代の子どもと動きが異なることがあります。そういう子が友達と競争して、負ける経験を重ねると、心が傷つき、やる気を失っていくことも多いのです。（♥◆）

48

2 ♪ふんどし　かついで　　両足は開いたまま、両手を
　　　　　　　　　　　　　　左右に広げて4回まわす。

3 ♪はだかで　こい　　四股を踏むポーズで2回
　　　　　　　　　　　床を踏みならす。

＋プラスワン

◎子どもたちは、お相撲さんのように四股を
踏むポーズが大好きです。保育者が子ども
と向き合うスタイルで、オーバーに動くと大
喜び。やってみようとまねをします。

Dr. 星山レクチャー
♥…こころ　◆…からだ　●…あたま

かかわりのヒント

●両手を回す動きは、肩の回旋運
動です。楽しみながら繰り返すこと
で、肩の動きを滑らかにします。
観察したときに、動きがぎこちない
からといって、そのことを指摘した
り、繰り返し練習に誘ったりする必
要はありません。楽しみながら、自
主的に動きたくなるようにかかわる
ことが大切です。（◆♥）

●多動でバランスが取りにくい子ども
こそ、多くの粗大運動を含むあそ
びを必要としています。バランス
感覚を育てるには、このようなバラ
ンスが崩れるあそびがいちばんで
す。楽しい雰囲気を作りながら、
バランスが崩れる経験と、立ち直
る感覚を経験できるようにしましょう。
（◆）

●力がわいてくるように「♪こい」で韻
（いん）をふんでいます。同じ音の
繰り返しは覚えやすいので、強調
してうたうとよいでしょう。（●）

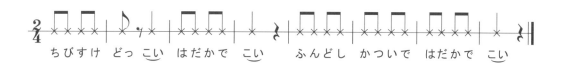

ちびすけ　どっこい　はだかで　こい　　ふんどし　かついで　はだかで　こい

49

粗大運動 エネルギッシュに動く子と

あずきっちょ まめちょ

あそび例　　　　　　　　3歳　4歳　5歳以上

1 ♪あずきっちょ まめちょ やかんの

内側を向き、手をつないで輪になって、つないだ
手を前後に振る。

2 ♪つぶれっちょ

みんなで手をつないだまましゃがむ。

➕ プラスワン

◎足腰がしっかりするまでは、1人で頭の上
に両手を乗せて「♪あずきっちょ　まめ
ちょ」とリズムに合わせて歩き、「♪つぶ
れっちょ」で、しゃがむような動きを楽し
んでみましょう。

Dr. 星山レクチャー ♥…こころ ◆…からだ ●…あたま

解説 & 観察

●足腰がしっかりしていて、「しゃがむ、立つ」の動作が滑ら
かにできるか見てみましょう。（◆）

●動きが不安定だと、つないだ手にかかる力が強くなったり、
前後に振る動きが大きくなったりします。子どもと手をつな
いだとき、どれくらい力を入れているか、前後に振る動き
を合わせようとしているかを感じましょう。（◆♥）

●うたを聞きながら頭に手を乗せたり、ポーズを変えたりする
のは、聴覚と動きの連動です。耳で聴いているリズムやう
たと、実際の自分の動きを合わせることを「統合運動」とい
います。統合運動を繰り返すことで、身体の動きを滑らか
にしていきます。（◆）

◎輪になってあそぶときに、「♪つぶれっちょ」で1歩前に進んでしゃがみます。繰り返す度に、輪がどんどん小さくなっていくので、新たなおもしろさも加わります。

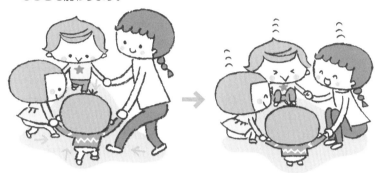

◎2歳後半になれば、跳ぶ動きを加えるあそびも喜びます。4、5歳なら、同じ動きを背中合わせで両手をつないであそぶのも楽しいです。

1 ♪あずきっちょ まめちょ やかんの

保育者と子どもが向かい合って両手をつなぎ、3回ジャンプ。

2 ♪つぶれっちょ

一緒にしゃがむ。

背中合わせになって、両手をつないでジャンプ。

一緒にしゃがむ。

Dr. 星山レクチャー

♥…こころ ◆…からだ ●…あたま

かかわりのヒント

●しゃがんだり、立ったりする動きが不安定でも、友達や保育者と手をつなぐことで安心し、難しい動きにも挑戦することができます。手をつなぐ組み合わせに配慮しましょう。安定してくると、つないでいる手にかかる力が弱くなってきます。（◆♥）

●友達や保育者と手をつないで楽しむことで、手から伝わる安心感を得られます。そのことを大切にしましょう。また、「♪まめちょ」「♪つぶれっちょ」の響きとリズムは、子どもの心をうきうきさせます。楽しい雰囲気を共有しながら、繰り返しあそびましょう。（♥）

●友達と手をつなぐときの力加減や前後に振る勢いを合わせにくい様子が見られたら、保育者が間に入ってその子に合った速さや動きに寄り添うように調節しましょう。否定するのではなく、心地よさを感じられるようにかかわることが大切です。（◆♥）

●手をつなぐのを嫌がるときは、無理せず、「楽しいよ」「待っているからね」というサインを出しながら、子どものほうから手をつないでみようという気持になるのを待ちましょう。周囲の子に合わせるようなかかわりをしないように気をつけます。（♥）

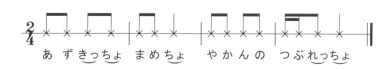

あずきっちょ まめちょ やかんの つぶれっちょ

身体の育ちにつながるわらべうた **7** CD NO.**23**

粗大運動 エネルギッシュに動く子と

たけのこ めだした

あそび例 | | | | | **4歳** | **5歳以上**

Dr. 星山レクチャー
♥…こころ ◆…からだ ●…あたま

解説 & **観察**

●単純な動作（上下、左右、協調運動）が含まれている優れたあそびです。両側運動といって、左右同じ動きが基本になっています。上下左右にバランスよく動いているかを観察しましょう。動きが複合的なので、難しく感じる子もいます。表情や様子で確認しましょう。（◆♥）

●最後（あそび例4）の跳びながら腕を上下に動かすのは、上半身と下半身の協調運動であるため、少し難しいですが、スムースに連動させて動いているかを見ていきましょう。（◆）

かかわりのヒント

●シンプルでまねしやすく、楽しい動きなので、繰り返しあそぶ機会を作りましょう。少しずつまねする力がついていきます。ジャンプの回数を調整する、友達の動きを見ながら動きを調節するなど、さまざまな力を獲得していくでしょう。（●◆）

●正確にできるかどうかは、気にしないで、みんなで同じ動作をする心地よさや楽しさをたくさん感じられるように見守りましょう。（♥）

1 ♪たけのこ めだした

輪になって、両手を頭上で合わせてタケノコを作る。そのまま膝を4回屈伸させながら、合わせた手を4回上下に動かす。

2 ♪はなさきゃ ひらいた

両手を前に出して、開いて左右に揺らす。

3 ♪はさみで ちょんぎるぞ

両手をチョキにして左右に揺らす。

4 ♪えっさ えっさ えっさっさ

両足跳びを3回（または、4回）しながら、両腕を上下に振る。

＋プラスワン

◎あそんでいるうちに、だんだんとテンポが速くなりがちなので、テンポとリズムに気をつけてうたいましょう。

たけのこ めだした　は な さきゃ ひらいた　はさみで ちょんぎるぞ　えっさえっさ えっさっさ

粗大運動 エネルギッシュに動く子と

きーりす ちょん

あそび例　　　　　　　　4歳　**5歳以上**

1 ♪きーりす　ちょん　こどもに　とられて　あほらし

おに（きりす）は輪の中に入り、両手を後ろで合わせて、うたに合わせて1拍ごと、あるいは2拍ごとに両足跳びで前進する。輪になっている子も、うたいながら手拍子したり、その場で両足跳びをしたりする。
最初だけ保育者がおにになって、やり方を見せるとよい。

2 ♪ちょん

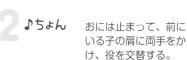

おには止まって、前にいる子の肩に両手をかけ、役を交替する。

＋プラスワン

◎輪になっている子は、おにの跳び方に合わせてうたいますが、ついつい速くなるので、テンポに気をつけてあそびましょう。

◎みんなで「きりす」になって、好きな所へ「ちょん、ちょん」跳んだり、みんなで手をつないで跳んだりするだけでも楽しいです。

Dr. 星山レクチャー

♥…こころ　◆…からだ　●…あたま

解説 & **観察**

●エネルギッシュに動く子は、全身をたっぷり使うあそびを喜びます。「動きたい」という子どもの思いを保障するあそびですね。（♥◆）

●このあそびを楽しむには、人との距離感をつかむ必要があります。最後の「♪ちょん」で、友達の肩に両手をかける距離（空間認知）を取れているか、よく見ましょう。距離感がつかめずに困っている子どもは、空間の認知が苦手かもしれません。（◆●）

●両足がばらつき、ぎこちない動きになっていないか、スムースに跳躍できているかも観察ポイントです。（◆）

かかわりのヒント

●距離感がうまくつかめていない子には、身体の動きと実際の距離が一致してくるように、間に保育者が立って、誘導しましょう。（◆●）

●両足をそろえて跳んでいるか確かめていると、子どもによってばらつきがあることに気づくでしょう。両足跳びがスムースな子には、足の開閉（グー、パー）を加えるなど、少し難しい跳び方を提案するとさらに楽しくなります。（◆）

$\frac{2}{4}$　きー　りす　ちょん　　こどもに　とられて　あほらし　ちょん

きりす＝キリギリス

身体の育ちに
つながる
わらべうた2

粗大運動

動きがゆっくりな子と

身体の育ちに
つながる
わらべうた →
音源は
こちらからも
確認できます

まずは子どもの姿をキャッチ！

0歳の頃から積極的に動くことが少なく、寝返りやはいはいのスタートもゆっくりです。歩きはじめてもなんとなく動きがぎこちなくて、体つきもふにゃっとしています。ボディーイメージを明確にもてていないようで、トンネルをくぐったり、階段を上ったりするときもどことなく不安そうです。

先生のお膝に
座っているのが好き。

追いかけっことか、
疲れる。

すぐ転ぶの。

動きがゆっくりな子と
楽しむわらべうたのセラピーポイント

揺れる
心地よさを

前後や左右に揺れる心地よさを体験することで、自ら動きたくなる気持ちを応援します。もちろん、基盤は、保育者への安心感です。安心感と動きの心地よさが、動くことに対する勇気を育みます。また、揺れる動きを繰り返し楽しむことは、身体の中心線となる正中線*の形成を助け、筋力やバランス感覚の発達を支えます。

＊正中線＝身体を左右に分ける中央の線。正中線が形成されていないと、傾いて座ったり、まっすぐに立つことが難しかったりする。

あそびの中で
「追視」を

空間を認知することで、例えば、壁や机などからの距離感や、足元の凸凹した感じを捉えて、スムースに身体を動かすようになります。ほかの人の動きや、保育者が持つ布の動き、あるいは自分の手の動きを目で追うあそびは、空間認知の発達に必要な経験です。

多様な動きを
自然に

わらべうたには、しゃがんだり、立ったり、手をつないだり、さまざまな動きが自然に出てきます。姿勢の変換や移動など、多様な動きを体験する楽しさに共感しましょう。そのためには、まねしたくなるようなかかわりがベースとなります。

粗大運動 動きがゆっくりな子と

だんご だんご

あそび例 **0**歳 **1**歳

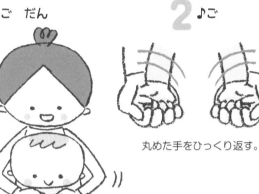

1 ♪だんご だんご だん

膝の上に子どもを向こうむきに乗せ、後ろから子どもの手を丸めるように握り、上下に動かす。

2 ♪ご

丸めた手をひっくり返す。

3

手を元に戻し、1、2を繰り返す。何度か繰り返した後、「おだんごできたかな、食べてみようかな」と手を子どもの口元に当てる。

Dr. 星山レクチャー

♥…こころ ◆…からだ ●…あたま

解説 & 観察

●手首をひねる動きを誘うあそびです。手首を自分でひっくり返す姿は、発達の目安になります。リラックスした雰囲気を作りながら、子どもの手首の動きを確かめましょう。（◆♥）

かかわりのヒント

●一人でできるようになるまでは、保育者が手を添えて優しく手首を動かし、まねしたくなる気持ちを育てながら、そっと可動域を広げていきましょう。（◆♥）

●食べるしぐさを加えるときは、少し大げさにアクションを入れて楽しみましょう。イメージしやすくなります。また、「むしゃむしゃ」「もぐもぐ」などの擬態語は覚えやすく楽しいので、動きを誘います。繰り返し楽しむことで、期待感も膨らむでしょう。（●♥）

＋プラスワン

◎あそび例の3では、「むしゃむしゃ」「もぐもぐ」など食べるしぐさを表す言葉も添えましょう。食べるつもりで口を動かす子もいます。

◎高月齢児とは、向かい合って座ってあそんでも楽しいです。保育者の動きをまねて、自ら動かそうとするようになります。

だん ご だん ご だん ご

粗大運動 動きがゆっくりな子と

こりゃどこのじぞうさん

あそび例　0歳　1歳　2歳

1 ♪こりゃどこのじぞうさん?
うみのはたのじぞうさん
うみにつけて

子どもの脇の下を支えて、向かい合わせに膝の上に乗せ、左右に揺らす。

2 ♪どぼーん

そのままの姿勢で抱き上げ、下におろす。

➕プラスワン

◎両手を持って揺らし、「♪どぼーん」で両手を上げるあそびから始めてもいいでしょう。

◎高月齢児や幼児には、全身を使った大きな動きでも楽しんでみましょう。

♪こりゃどこの〜
うみにつけて

子どもの背後から脇の下に手を回してしっかり抱き、リズムに合わせて一緒に左右に揺れる。

♪どぼーん

保育者が少し伸び上がり、床に下ろす。

Dr. 星山レクチャー
♥…こころ　◆…からだ　●…あたま

解説 & 観察

●左右の揺れの後、上下の動きが出てきます。子どもは、高く抱き上げてもらう動きが大好きです。重くなってくるとなかなかできないあそびですから、小さいうちにたくさん楽しみ、さまざまな動きに親しめるようにしましょう。ただ、抱き上げるときの勢いや高さの好みは、一人一人違います。目を合わせながら行い、表情をよく見ましょう。（◆♥）

かかわりのヒント

●子どもの身体を下ろすときは、びっくりしないように、そっと下ろしましょう。「♪どぼーん」の歌詞にタイミングを合わせてユーモラスに楽しむようにします。豊かな表情も大切なポイントです。（◆♥●）

こ りゃ ど こ の じ ぞう さん? う みの
は た の じ ぞう さん う みに つ け て どぼーん

身体の育ちにつながるわらべうた ③ CD NO.27

（粗大運動）動きがゆっくりな子と

いもむしごろごろ

あそび例　0歳　1歳　2歳

1 ♪いもむし ごろごろ
　　ひょうたん

保育者があぐらをかき、向かい合わせで子どもを乗せて左右に揺れる。

2 ♪ぽっくりに

脇の下を支えながら、子どもの身体を少し持ち上げる。

＋プラスワン

◎2歳以上の子とは、立った姿勢で両手をつないであそんでみましょう。

♪いもむし

ゆっくり左右に揺らす。

♪ぽっくりこ

軽く2回ジャンプ。

◎3歳以上の子には、1人ずつのあそびも。

あぐらをかいて左右に揺れる。両手は、太ももの上に置いても、体側に垂らしてもよい。

♪いもむし

♪ぽっくりこ

両手を開いて、前方の床に着け、お尻を軽く上げる。

♪ いもむし ごろごろ　ひょう たん ぽっくりこ

Dr. 星山レクチャー
♥…こころ　◆…からだ　●…あたま

解説 & 観察

●左右の揺れを楽しむあそびです。揺れに身体を預けるようなリラックスした様子があるか、また、姿勢を保つバランス感覚を獲得しているかなどを確かめながら行いましょう。（♥◆）

●「＋プラスワン」で紹介している立った姿勢のあそびでは、左右に揺れているうち、自然に片足に上がるので、体幹のバランスを取る力や正中線の形成につながります。ちょっとぐらぐらする感じにどんな反応を見せるでしょうか。（◆）

かかわりのヒント

●子どもの身体を揺らすのではなく、保育者自身が揺れてあそぶことが大切です。保育者が感じる心地よさが子どもに伝わり、安心して揺れを楽しむようになるでしょう。（♥◆）

●「＋プラスワン」で紹介している1人ずつで楽しむあそびでは、手指をしっかり開いて床に着けることがポイントです。意識できるように「パーの指にしようね」など、わかりやすい言葉をかけましょう。手指を着く経験を楽しく繰り返すことは、転んだときパッと手を着ける力につながります。楽しみながら育てたい力です。（◆●）

粗大運動 動きがゆっくりな子と

うえから したから

あそび例　0歳　1歳　2

1

♪うえから したから
　おおかぜこい こいこいこい

保育者の顔の前で、スカーフ大の
布をゆっくり上下に揺らす（何度
か繰り返す）。

2

繰り返しうたった後、「飛ん
でったー」と言いながら、布
をふわーっと飛ばす。

うえから　したから おお かぜ こい　こいこい こい

58

➕プラスワン

◎シフォンのような柔らかい布を使うと、ゆったりした感じが増します。
◎子どもにも布を渡して、揺らしたり、ふわっと飛ばしたりする動きを一緒にするのも楽しいです。

♪うえから したから〜

◎シーツ大の大きな布を使ったあそびも楽しいです。障害物がない広い場所であそびましょう。最後に子どもたちに布を掛けるとき、中に空気をはらんでバルーンのように膨らませると、子どもたちは大喜びです。

♪うえから したから〜

保育者2人で布の両端を持ち、子どもたちから少し離れた位置で、うたいながらゆっくり上下に動かす。

ばぁ！

うたった後に「みんなのところへきたー」と言いながら移動して、子どもたちにかぶせるように布を下ろす。布の下から出てきた子どもに「ばあ！」。

Dr. 星山レクチャー ★

♥…こころ　◆…からだ　●…あたま

解説 ＆ 観察

●保育者が持つ布を目で追ったり、ふわっと飛んでいく布をつかもうと手を伸ばしたりしているでしょうか。また、「＋プラスワン」で紹介している、子どもに布を渡して一緒に動かすあそびでは、タイミングを合わせて布を上下に動かしたり、ふわっと手から離したりすることができているかも見ましょう。（●◆）

●「＋プラスワン」で紹介しているように、大きな布であそぶと、「♪うえからしたから」という歌詞と一緒に、そよそよ風が送られてきて、自然と笑顔になります。風が顔に当たるときの様子、布に手を伸ばそうとする意欲など、豊かな表情を見てください。（♥）

かかわりのヒント

●一人一人が布を持って動かすと、とてもきれいです。また、雰囲気も落ち着いてきます。「きれいね」「すてきね」と声をかけ、繰り返しあそんでみましょう。動きがぎこちなかった子も、周りの様子に合わせようとします。また、布を持って膝を屈伸させると、きれいになびくので、保育者がやって見せるといいでしょう。（●◆♥）

●ゆったりした時間を楽しみましょう。ゆるやかな風は身体全体を包み込みます。風や布に向かって手を伸ばしたり、声を出したりしたくなるような雰囲気を演出しましょう。（♥）

粗大運動 動きがゆっくりな子と

どてかぼちゃ

あそび例 | 0歳 | 1歳 | 2歳 | | |

1

♪おうちの　どてかぼちゃ
ひにやけて　くわれない

向かい合わせで子どもを膝に
乗せたり、座ったりして、両
手を持って、うたに合わせて
揺らす。

2

うたが終わったら、
子どもをぎゅっと抱
きしめる。

➕プラスワン

◎子どもと目を合わせながら、ゆったりとしたテンポでうたいましょう。

◎子どもと向かい合って座り、ボー
ルをかぼちゃに見立てて間に置
いて、ゆらゆら揺らしたり、転
がしたりしても楽しいです。

Dr. 星山レクチャー
♥…こころ　◆…からだ　●…あたま

解説 & 観察

●自然にだっこへ誘導でき、ゆったり
楽しめるうたです。動きがゆっくりな
子も、身体を動かす心地よさを安
心して味わえます。揺らしながら、
子どもの表情をよく見ましょう。ほ
ほえみかけると、どんな表情をする
でしょうか。（◆♥）

●うたの終わりで、ぎゅっと抱きしめる
ときも、子どもの反応を確かめなが
ら行いましょう。「ふんわり」が好き
な子も、「ぎゅっと」が好きな子も
いますね。中には、だっこがあまり好
きではない子もいます。表情の変
化やしぐさを注意深く観察します。
（♥）

かかわりのヒント

●子どもは保育者のリズムを感じ、
合わせようとします。速さを変えた
り、リズムをはっきり刻みながら、
少し弾むように抑揚をつけたりして
うたいましょう。動きも変化して楽し
いです。（●◆）

●うたの後、ちょっと間（ま）をおいて
から抱きしめます。子どもは期待感
をもって、この間を楽しむでしょう。
だっこを嫌がる様子のときは、無理
しないで、そのままおしまいにしま
す。（●♥）

おうちの　どてかぼちゃ　ひにやけて　くわれない

粗大運動 動きがゆっくりな子と

どんぶかっか

あそび例 | **0**歳 | **1**歳 | **2**歳 |

1 ♪どんぶかっか　すっかっか～
つづらのこ　つづらのこ

向かい合わせで子どもを膝に乗せ、うたに合わせて、膝を上下に動かし、弾ませる。

※低月齢児は脇の下を持って上体を支える。

＋プラスワン

どんぶ かっか～ ♪

◎お風呂にちゃんとつかって、身体を温めるときにうたったと伝えられています。湯水にちなんだあそびなので、水あそびやプールあそびのスタート時に取り入れるのもおすすめです。いつも聞きなれているうたから始めることで、安心する効果もあります。

うたに合わせて、軽くジャンプするのも楽しい。

★Dr. 星山レクチャー★

♥…こころ　◆…からだ　●…あたま

解説 & 観察

●「♪どんぶかっか」の付点のリズムの弾む響きが心地よいですね。付点のリズムは活発な動きを誘います。（●◆）

●「左右、前後、上下」など、さまざまな方向の揺れを自然に楽しめるのが、わらべうたの優れたところです。このうたでは、上下の動きを楽しめます。上下の動きは子どもに躍動感が伝わりやすく、ジャンプにつながる楽しい動きです。子どもの表情や笑い声などで反応を確かめながら、動かし方を調節しましょう。（◆）

かかわりのヒント

●子どもの足裏がしっかり床に着くように膝に乗せます。足裏からの刺激で子ども自身の動きを誘いましょう。（◆）

●人形を使って再現するのも楽しいです。また、「♪どんぶかっか　すっかっか」の言葉から、「どんぶらこっこ」と桃が流れてくるようなイメージであそぶのも楽しいです。イメージがどんどん広がりますね。（●♥）

どん ぶ かっか すっ かっか あっ たまって あがれ かわらの どじょうが

こ がい を うん で あずきか まめか つづらのこ つづらのこ

＊「つづら」については、「つずら」と表記しているものもあります。

粗大運動 動きがゆっくりな子と

ねずみ ねずみ

あそび例　**0**歳　**1**歳　**2**歳

1 ♪ねずみねずみ　どこいきゃ　わがすへ
　　ちゅっちゅっちゅ
　　ねずみねずみ　どこいきゃ
　　わがすへ

向かい合って座り、子どもの片手を持って、もう片方の手の人さし指と中指で子どもの腕を上るように動かす。

※0歳代は安定した座位を獲得している子が対象。

2 ♪とびこんだ

脇の下をくすぐる。

➕プラスワン

◎「♪とびこんだ」では、少し間をおいて行うと、期待感が高まり、盛り上がります。

◎腕にこだわらずに、足から始めておなかをくすぐるなど、子どもが喜ぶ部位から始めてみましょう。

Dr. 星山レクチャー

♥…こころ　◆…からだ　●…あたま

解説 & 観察

●手先からだんだん近づいてきて、最後にくすぐられるという動きが、相手との距離感や空間を把握する力の育ちにつながります。また、うたを聴きながら、触られたり、くすぐられたりすることが、触覚や聴覚などにもよい刺激になります。（●◆）

●くすぐりあそびには、スキンシップを通した楽しさと安心感があります。安心できる人に愛情いっぱいに接触してもらうことで、心地よさと人の温かさを記憶に刻みます。そうした体験が、動いてみようという意欲を育むのです。（♥）

●保育者との距離の取り方に敏感な子もいます。1回終わったところで、楽しそうに近寄ってくるか、遠ざかっていくか、見てみましょう。（●♥）

かかわりのヒント

●移動できるようになると、逃げたり、追いかけたりして、行動範囲も広がってきます。このあそびをきっかけにして、「待て待て」と追いかけあそびに展開しても楽しいですね。（●◆）

●人に触られる心地よさが伝わるように、ゆったりした雰囲気でうたいましょう。慣れてくれば、少し強い刺激を喜ぶ子もいるでしょう。子どもの表情をよく見ながら、強さや速さを調節します。1回あそんで遠ざかる子には、「見ているだけでもその子なりの参加だ」と寄り添いながら、こまやかにかかわっていきましょう。（♥）

ねずみねずみ　どこいきゃ　わがすへ　ちゅっ ちゅっ ちゅ　ねずみねずみ　どこいきゃ　わがすへ とびこんだ

粗大運動 動きがゆっくりな子と

このこ どこのこ

あそび例 | 0歳 | 1歳 | 2歳 | | |

1 ♪このこどこのこ　かっちんこ（繰り返し）

子どもをだっこしたり、あぐらの上に乗せたりして
優しくゆったりしたテンポでうたいながら揺らす。

＋プラスワン

◎うたの後、いきなり動きを止めずに、楽譜の最後の休符の分も揺らすつもりで徐々に動きを弱めていきます。

◎1人の保育者が子どもを背中から抱きかかえ、もう1人の保育者は足を持って左右に揺らしましょう。2回目は「♪かっちんこ」を、子どもの名前に替えてうたいます。歩行が完成している子向きのあそびです。子どもの表情を見ながらあそびましょう。

Dr. 星山レクチャー
♥…こころ　◆…からだ　●…あたま

解説 & 観察

●揺らしあそびにぴったりのわらべうたです。身体を揺らすことで、バランス感覚や身体を垂直に保とうとする力が育ち、正中線の形成にもつながります。また、うたを通じて、快い揺れとリズムが伝わり、人への信頼感や安心感を育むこともできます。大きな横揺れであそぶときは、子どもの反応を確かめながらあそびましょう。（◆♥）

かかわりのヒント

●動きがゆっくりな子は、バランスを取ったり、身体の位置を垂直や水平に戻したりするのに時間がかかるので、ゆったりとあそびましょう。（◆♥）

●身体を抱えるあそびのほかに、バスタオルなどに乗せて揺らすなど、子どもの様子や月齢、年齢に応じていろいろ試しながら繰り返しましょう。（◆♥）

このこ　どこのこ　かっちん　こ

粗大運動 動きがゆっくりな子と

いっすんぼうし

あそび例　1歳　2歳　3歳

1 ♪いっすんぼうし

膝の上に子どもを向こうむきに乗せ、子どもの片手を手の甲を上にして持ち、人さし指でなでる。

2 ♪こちょこちょ

人さし指と中指でくすぐる。

3 ♪たたいて

軽くたたく。

4 ♪さすって

手の甲をさする。

5 ♪つまんで

親指と人さし指で軽く
つまむ。

6 ♪おしまい

手の甲を軽く
たたく。

解説 & 観察

● くすぐるあそびですが、手の甲を使うところがおもしろいですね。あそびの終わりのサインがはっきりしていて、あそびの流れを見通せる安心感もポイントです。(♥●)

● 繰り返しあそぶ中で、少しずつ次の刺激を予感して、「やってもらうあそび」から、「一緒にあそぶ」おもしろさを感じるようになります。次第に自分からあそびに加わってくる子どもの変化を見逃さないようにします。(●♥)

かかわりのヒント

● 身近な保育者とのあそびを通して、子どもはさまざまな感覚に慣れ、触ったり、触られたりという働きかけへの抵抗が少なくなっていきます。肌のふれあいを通じて人への信頼関係も育まれます。信頼関係を育むことが、あそびの心地よさを育み、自ら動こうとする気持ちにつながります。(◆♥)

● 一人一人の姿に寄り添い、しぐさとしぐさの間に一呼吸おくなど、こまやかにかかわりましょう。「♪おしまい」で、しっかりと目を合わせて、あそびの終わりを共有する配慮も大切です。(♥●)

＋プラスワン

◎ くすぐる、たたく、さする、つまむなど、いろいろな感覚を楽しめます。繰り返しあそびましょう。

◎ 最後の「♪おしまい」のフレーズは、ポーンと手を軽くたたく動作と合わさって、子どもたちは大好きです。

ポーン！

ポーン！

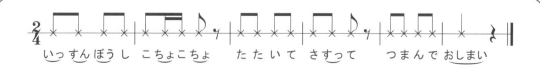

いっすんぼうし こちょこちょ　たたいて さすって　つまんでおしまい

粗大運動 動きがゆっくりな子と

おふねが ぎっちらこ

あそび例　　　　　　　　　3歳　4歳　5歳以上

1 ♪おふねが　ぎっちらこ　ぎっちらこ　ぎっちらこ

向かい合って両足を伸ばして座り、両手をつなぐ。ゆっくりとしたリズムでうたいながら、舟をこぐイメージで上体を前後に倒す。

♪おふ

♪ねが

$\frac{2}{4}$ ×　×　×　×　×　×　×　×　×　×　×　×

おふねが　ぎっちらこ　ぎっちらこ　ぎっちらこ

◎低年齢児は、保育者の膝の上に乗せ、両手をつないであそびます。あそびに慣れてきたら、ゆっくりこいだり、早くこいだり、大波が来たり、横に倒れたり、大風に吹かれて沈みそうになったりと、アドリブで舟の動きを変えて楽しみましょう。

◎子ども同士であそぶときは、勢いがつきすぎて、床に頭をぶつけないように、保育者がうたのテンポを調節したり、言葉をかけたりしましょう。また、同じくらいの体格の子ども同士でペアを作るように配慮します。

体格が違うと、力加減や速さがそろわずやりにくい

◎5歳児同士であそぶときは、保育者が「大きな波が来たよ！」「横に揺れま〜す」などと、アレンジして楽しみます。

Dr. 星山レクチャー
♥…こころ ◆…からだ ●…あたま

解説 ＆ 観察

●身体を動かすことが苦手な子も、保育者や友達と力を合わせて動くことで、相手を感じたり、自分の力で相手がどう動くかを知ったりする機会になります。（◆●）

●うたのリズムに合わせて、「ぎっこん、ばったん」と上体を前後に倒すことで、相手の身体に近づいたり、離れたり、相手との距離を自分の力でコントロールするところが楽しいです。（●）

●子ども同士であそぶときは、相手と息を合わせて、同じくらいの勢いや強さで動かしているか、表情などで確かめていきましょう。保育者が相手になるときは、子どもの手から力の入れ具合を感じとるようにします。（◆♥）

かかわりのヒント

●うたいはじめの「♪おふねが」を少しゆったりとうたうつもりで、ゆっくり始めるといいでしょう。保育者とのあそびでは、風や波などのアレンジで速さや体勢を変えると動きがおもしろくなります。人と動きを合わせる楽しさや、うたに合わせて身体を動かす楽しさを発展させていきましょう。（◆●）

●うたいながらあそぶ前に、相手の動きに合わせて「ぎっこん、ばったん」と上体を倒すあそびを導入として取り入れるのも一つの方法です。相手の身体に近づくと「こんにちは」、離れると「さようなら」と言い合うのも楽しいでしょう。（●◆）

粗大運動 動きがゆっくりな子と

ずくぼんじょ

あそび例　　　　　　　　　　　　　　　4歳　5歳以上

1 ♪ずっくぼんじょ ずくぼんじょ
　　ずっきん かぶって

両手を胸の前で組み合わせ、リズムに合わせて左右に揺れる。

2 ♪でてこら

1の姿勢のままで軽くおじぎをするように、顔を下に向け、上体も前に傾ける。

3 ♪さい

上体を起こし、両手の人さし指を立てて、確認するように立てた指をしっかり見る。

4 ♪ずっくぼんじょ ずくぼんじょ
　　ずっきん かぶって でてこら

人さし指を立てたまま、1、2の動きを行う。

5 ♪さい

上体を起こし、人さし指を立てたまま中指を立て、3と同じようにしっかり見る。

6 ♪ずっくぼんじょ ずくぼんじょ
　　ずっきん かぶって でてこら さい
　　（3回繰り返す）

同じ要領で、3回目は薬指を立て、4回目は小指を立て、5回目は親指を立てる。

7 ♪ずっくぼんじょ ずくぼんじょ
　　ずっきん かぶって
　　でてこら さい

5本の指を全部立てたら、両手のひらを合わせてツクシの穂を作り、リズムに合わせて左右の斜め上にツクシが伸びるイメージで動かす。

＋プラスワン

◎0歳児とあそぶときは、保育者の膝の上に子どもを向こうむきに乗せて、後ろから両手を包むように持ち、うたいながら保育者の指を出してあそびましょう。あそびに慣れてきたら、子どもの指を一緒に出してみてもいいでしょう。

◎あそびはじめは、あそび例の7のみで楽しみ、子どもの様子に応じて指の動きを加えていくといいでしょう。

◎全身でツクシを表現してあそぶのも楽しいです。2歳児も楽しめます。

その1

1 ♪ずっくぼんじょ〜 でてこら

両手を頭上で合わせてツクシになったつもりでしゃがみ、リズムに合わせて左右に揺らす。

2 ♪さい

立ち上がり、芽が出たしぐさをする。

その2

1 ♪ずっくぼんじょ〜 でてこら

両手を頭上で合わせ、立ったままリズムに合わせて左右に揺れる。

2 ♪さい

両足でジャンプし、頭上で合わせた手をぐーんと伸ばす。

Dr. 星山レクチャー

♥…こころ　◆…からだ　●…あたま

解説 ＆ 観察

●身体全体を使うところは、揺れなどの大きな動きに必要な運動機能や筋力・正中線の発達を支えます。細やかな動きと大きな動きの両方に応用できるすてきなわらべうたです。（◆）

●上体や全身を動かすことで、バランスを取ったり、うたに合わせるタイミングを図ったりなど、粗大運動（大きな動き）を楽しむことができます。左右の揺れ方やバランスの取り方、しなやかさなどを見てください。（◆●）

●「♪さい」で、立てた指をしっかり見て確認します。ここで動きをいったん止めるので、繰り返しあそぶうちにゆっくりなペースの子もうたに合わせるタイミングを取れるようになります。（◆●）

かかわりのヒント

●輪になってあそぶと、向かい側の友達と動きをだんだん合わせられるようになるので、充実感や達成感を味わえます。また、向かい合っていることで、友達の楽しそうな表情も見ることができ、互いに「楽しいね」という思いを感じ取るでしょう。（♥♥●）

●身体を揺らすところは、ゆっくり大きく全身を動かせるように、保育者はややオーバーな動きで伝えます。（◆）

●「♪でてこらさい」では、ツクシが出てくる様子をイメージしながら楽しめるように、「ツクシが出てくるよ」など、言葉を添えてみましょう。（●）

●最初は、正確な動きができなくても部分的にまねしているうち、だんだん動きが整ってくるので、しぐさの内容よりも楽しさを大切にしましょう。「＋プラスワン」で紹介しているような全身でツクシを表現するあそびで気持ちをほぐし、だんだんあそび例のような指でツクシを表現していくこまやかな動きへと移していってもよいでしょう。（◆♥●）

ずっ　く　ぼん　じょ　ず　くぼん　じょ　　ずっきん　かぶって　でてこらさい

身体の育ちにつながるわらべうた **12** CD NO.**36**

粗大運動 動きがゆっくりな子と

でんでんむし

あそび例 | | | | 3歳 | **4歳** | **5歳以上**

1
♪でんでんむし でむし でなかま ぶちわろ

両手をグーにして重ね、下の手の人さし指と中指をやや曲げた状態で出す。ゆったりとしたテンポで左右に揺らしながらうたう。指を曲げたまま動かすことが難しい場合は、楽しめる範囲でOK。

2
「ニョキ〜」

うたの後、「ニョキ〜」と言いながら、人さし指と中指をしっかり伸ばす。

＋プラスワン

◎あそびに慣れてきたら、左右の手の重ね方を逆にしてあそんでみましょう。

◎小さなでんでんむしで小さく動いたり、大きなでんでんむしで腕全体を動かしたりしてあそんでみましょう。

Dr. 星山レクチャー

♥…こころ ◆…からだ ●…あたま

解説 & 観察

●動きを目で追うことは、空間認知や、目と手の協応の発達に大切です。空間認知がうまくいかないと、身体全体の動きがぎこちなかったり、転んだり、ものにぶつかりやすかったりして、スムースに動けない場合があります。手を動かしはじめるときや、「ニョキ〜」で指を伸ばすとき、手指の動きを注視しているかどうか見てください。（●◆）

かかわりのヒント

●少し離れた所から互いに近づいてみたり、子どもが追いかけたくなる位置で保育者が動かして見せたりしてあそびをアレンジして、動きを誘ってみましょう。行動範囲を広げることができます。（◆）

●でんでんむしが最後に角を伸ばして出てくるところは、盛り上げたいポイントです。引っ込めたり、ちょっとだけ出したりして、少しじらしてみるのも楽しそうですね。また、でんでんむしの角が出てきたところで話しかけるのもよいでしょう。自分の指に注目したり、子どもが"またあそびたい"と思ったりするきっかけになるかもしれません。（♥●）

でんでんむし でむし でなかま ぶちわろ

70

身体の育ちに
つながる
わらべうた**3**

微細運動

手指を刺激

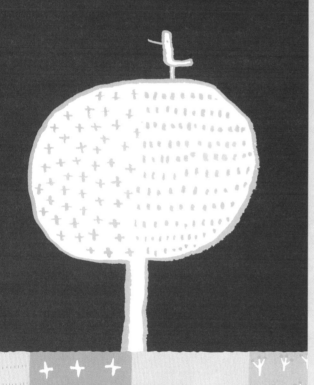

まずは子どもの姿をキャッチ！

　手指の感覚はとても敏感です。子どもは興味をもったものに、まずは指でふれ、感触を味わい、確かめて、思い思いに探索します。感触に敏感な子の中には、触ったことがないものに慎重な反応を見せることもあります。

　つまんだり、握ったりする動作を経て、道具を使うことに興味をもつ頃になると、手指の巧緻（こうち）性や目と手の協応性などに個人差が見られるようになります。

> 泥や粘土は
> あまり
> 好きじゃない。

> スプーンで
> 食べたいのに、
> たくさん
> こぼれちゃう。

> 自分で着替えたいのに、
> 時間がかかるの。

手指を刺激するわらべうたのセラピーポイント

手指への意識を高める

　安心できる人とのスキンシップは、手指への刺激としても重要です。心地よいやり取りの中で、自分の手指を意識することは、指の分化につながります。また、マッサージ効果で指先の血行が促進され、副交感神経の働きが高まるので、心身の緊張も和らぎます。

一人一人の「見る力」を支えるために

　両手の指先を合わせたり、保育者の指の動きをまねしたりするには、見ようとするものに正確に視線を移す眼の動きや、そこに素早くピントを合わせる力など、「見る力」が必要です。まずは、あそびを通して、一人一人の力を観察することから始めましょう。

左右の手の協調運動を楽しく繰り返す

　右手と左手をさまざまに協調させるあそびは、後に道具を操作するなど「生活に必要な手」の獲得につながっていきます。わらべうたは、楽しく繰り返すことで、少しずつできるようになることを実感しやすいあそびでもあります。一緒に楽しみながら、子どもと「うれしさ」を共有するかかわりが大切です。

身体の育ちに
つながる
わらべうた
音源は
こちらからも
確認できます

71

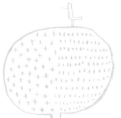

身体の育ちにつながるわらべうた **1** CD NO.**37**

微細運動 手指を刺激

ここは てっくび

あそび例　　　　　**2歳**　**3歳**　**4歳**　**5歳以上**

1 ♪ここは　てっくび

膝の上に子どもを乗せて、後ろから子どもの手のひらを上にして、手首を軽く握る。

2 ♪てのひら

手のひらに触る。

3 ♪ありゃりゃに

親指をつまむ。

4 ♪こりゃりゃ

人さし指をつまむ。

5 ♪せいたかぼうずに

中指をつまむ。

6 ♪いしゃぼうず

薬指をつまむ。

7 ♪おさけわかしのかんたろうさん

さん

小指をつまんで少し上げてから「♪さん」で離す。

＋ プラスワン

◎あそび例7の動きが子どもたちは大好きです。「♪さーん」と伸ばす感じでうたい、ゆったりとした動きで行いましょう。

◎向かい合ってあそぶスタイルでも楽しいです。子どもと目を合わせながら行いましょう。

Dr. 星山レクチャー

♥…こころ　◆…からだ　●…あたま

解説 & **観察**

●うたに合わせて、手首、手のひら、指と順に触っていくので、繰り返すうちに子どもは、「次はここかな？」とあそびの流れを予想できるようになり、楽しみが増します。（●♥）

●末梢神経が集っている指先への刺激は、脳や神経の発達に大切です。マッサージ効果もあり、手指が温かくなります。敏感な部位なので、目や表情を見ながら、子どもが安心しているか、確認するようにしましょう。（◆♥）

かかわりのヒント

●「♪ここはてっくび」とうたうとき、タイミングよく手首を触ります。また、手のひらや指は、温めるように丁寧に触っていきましょう。人のぬくもりが子どもに伝わります。（●♥）

●右手、左手と両方の手で行い、同じように刺激しましょう。（●◆）

●「♪ありゃりゃ」「♪ぼうず」など、言葉がおもしろいですね。繰り返しの音は、子どもが覚えやすく、楽しい気持ちになります。そのときの子どもの様子に応えるように、テンポを調整するなどしてあそびましょう。（●♥）

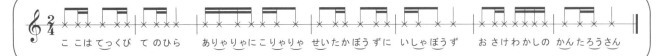

ここ は てっくび　て のひら　ありゃりゃに こりゃりゃ　せいたか ぼうず に　いしゃ ぼう ず　お さけ わかしの　かんたろうさん

72

かんたろう＝「燗太郎」のこと。酒の温め具合を小指で測るところからきている。

微細運動 手指を刺激

いっぴきちゅう

あそび例　　2歳　3歳　4歳　5歳以上

1 ♪いっぴき　ちゅう

向かい合って座り、子どもの手を下から持つ。子どもの手のひらを、人さし指で軽く2回たたく。

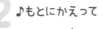

2 ♪もとにかえって

人さし指で、手のひらに円を描くように軽く4回たたく。

3 ♪にひきちゅう　にひきちゅう

人さし指と中指で手のひらを軽く4回たたく。

4 ♪もとにかえって

同じ2本の指で、手のひらに円を描くように軽く4回たたく。

5 ♪さんびきちゅう　さんびきちゅう

人さし指と中指と薬指で手のひらを軽く4回たたく。

6 ♪もとにかえって

同じ指で手のひらに円を描くように軽く4回たたく。

7 ♪いっぴきちゅう

〔おしまい〕

1に戻り、最後に「おしまい」と言う。

＋プラスワン

◎何度も繰り返しあそぶことができます。繰り返すときは、刺激する手を替えましょう。

Dr. 星山レクチャー

♥…こころ　◆…からだ　●…あたま

解説 & 観察

●身近な保育者に手を触られるのは、うれしいことです。保育者の手のひらから人のぬくもりを感じるでしょう。次に、くすぐったい刺激がやってきます。変化する刺激に伴って、表情がどんなふうに変化するか観察しましょう。（♥◆●）

●繰り返しながら、「『おしまい』までの一連の流れがわかるようになってきたかな？」と表情を確かめてみましょう。（●）

●数を表す言葉が出てきます。数の概念がわからなくても、だんだん触られる面積が増えてくる感触で、数の変化を楽しむことができます。2回、4回など合図のように手のひらをたたく場面では、そのリズムを通じて、子どもの身体に数の概念が伝わっていきます。（●）

かかわりのヒント

●1回終わったところで、「もう1回やりたい？」と聞き、少し間（ま）を取ってみましょう。この間は、子どもの動作や発語を育むことにつながる大切な時間です。（●）

いっ	ぴき	ちゅう	も	とに	かえっ	て	に	ひき	ちゅう
に	ひき	ちゅう	も	とに	かえっ	て	さん	びき	ちゅう
さん	びき	ちゅう	も	とに	かえっ	て	いっ	ぴき	ちゅう

微細運動 手指を刺激

こどもとこども

あそび例　　　　　　　　　　4歳　5歳以上

1 ♪こどもと　こどもが

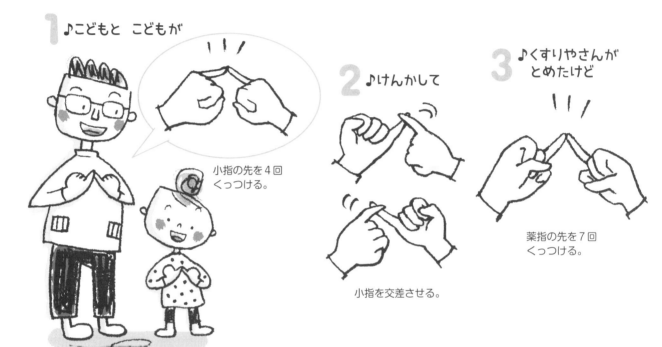

小指の先を4回
くっつける。

2 ♪けんかして

小指を交差させる。

3 ♪くすりやさんが
とめたけど

薬指の先を7回
くっつける。

4 ♪なかなか
なかなか
とまらない

中指の先を7回
くっつける。

5 ♪ひとたちゃ

人さし指の先を
2回くっつける。

6 ♪わらう

人さし指を向かい
合わせて、指先を
2回曲げる。

7 ♪おやたちゃ
おこる

親指の先を4回
くっつける。

74

8 ♪ぷん ぷん

両手の親指を立てて外側に2回反らせ、怒った表情をする。

解説 & 観察

●一つ一つの動きがこまやかですね。右と左の指を協調させる動きが多く出てきます。両手の小指の先をくっつけるのは、子どもによっては難しい動きですが、指と指を合わせることは、視覚（見るべきものを正確に脳で捉える）と、実際にやろうとしている指の動きが一致していることを示します。指と指がつかない場合は、距離感がつかめず、見るべきものが見えていないかもしれません。（◆●）

かかわりのヒント

●薬指は大人でも動かしにくい指です。無理せずにやりやすい指から慣らしていきましょう。指と指がうまく合わない子もその子のやりやすい指で楽しめるようにかかわっていきます。（◆♥）

●「♪ぷんぷん」は怒った表情をしますが、愉快に表現してみるとよいでしょう。感情や表情は、大げさに、ジェスチャーなども使って表現することが大切です。（♥●）

●うたの内容がストーリー仕立てになっています。言葉も「けんか」「とめる」など、日常的によく使う単語がたくさん含まれています。リズミカルなテンポを楽しみながら、言葉に親しめるようにかかわりましょう。（●）

＋プラスワン

♪くすりやさんが とめたけど

◎指を1本ずつ立てるのが難しい場合は、手を開いたままで指先をくっつけてあそびましょう。

◎最初はゆっくり始めます。繰り返す中で、少しずつテンポを上げていくと楽しいです。

こどもと こどもが けんかして　くすりや さん が
とめたけ ど　なかなか なかなか とまらな い
ひ と た ちゃ わらう　おや た ちゃ おこる　ぷん ぷん

微細運動 手指を刺激

どどっこ やがいん

あそび例　　　　　　　3歳　4歳　5歳以上

1 ♪どどっこ
やがいん

両手を前に出し、手
のひらを下に向けて
4回上下に振る。

2 ♪けえして
やがいん

手のひらを返して、
4回上下に振る。

3 ♪あだまっこ
やがいん

身体の左前に両手を
出し、手のひらを下
向きにして4回振る。

4 ♪けえして
やがいん

そのままの位置で
手のひらを返して、
上下に4回振る。

5 ♪すりぼっこ
やがいん

身体の右前に両手を
出し、手のひらを下
向きにして4回振る。

6 ♪けえして
やがいん

そのままの位置で
手のひらを返して、
上下に4回振る。

＋プラスワン

◎0歳児の場合は、子どもを膝に乗せて
後ろから両手を持ち、上下に軽く振り
ながらうたいましょう。

Dr. 星山レクチャー

♥…こころ　◆…からだ　●…あたま

解説 & 観察

●手首の滑らかな動きが、手指のこまやか
な動きの発達につながります。肩から肘、
手首、指先へと神経は発達していきま
す。初期の段階では肩や肘なども一緒
に動きますが、楽しくあそぶうち、やがて
手首だけを動かせるようになります。（◆）

●手のひらをひっくり返すとき、まっすぐに
保つイメージをもちます。でも、「まっす
ぐに保つ（＝水平に保つ）」ことは、子ど
もにはちょっと難しい動作です。子どもた
ちの動きをよく見てみましょう。（●◆）

かかわりのヒント

●最初は、保育者の膝の上や、すぐ隣な
ど、保育者の身体を子どもに寄せて、
ゆっくりとしたテンポで手首を振ったり、
手のひらを返したりする動きを楽しみま
す。動きに慣れてきたら、向かい合って
あそびましょう。対面であそぶ場合は、
子どもと同じ向きになるように動かします。
（●◆）

●両手が身体の中心（正中線）を越えて、
左右に行き来します。それに合わせてバ
ランス機能も左右に動きます。あそんで
いるうちに、身体の動く範囲が広くなり、
手先の動きもこまやかになってきます。
繰り返しあそびましょう。（●◆）

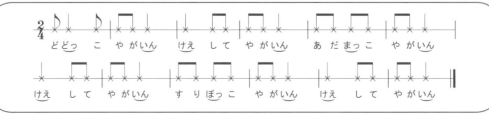

どどっこ＝魚　　やがいん＝やこう　　けえして＝ひっくり返して　　あだまっこ＝魚の頭　　すりぼっこ＝魚の尾びれ

身体の育ちにつながるわらべうた **5** （CD NO.**41**）

微細運動　手指を刺激

ヒッテさんとハッテさん

あそび例　　　　　　　　　　　　　　　　　　**4歳**　**5歳以上**

1 ♪ヒッテさんと

片方の手の人さし指を立てる。

2 ♪ハッテさんが

もう片方の手の人さし指を立てる。

3 ♪まちがって

人さし指を向き合わせて、曲げる。

4 ♪けんかして　けんかして

人さし指をぶつけ合う。

5 ♪にげてって　おいかけて

両手の指を同じ方向に向けて左右に動かす。

6 ♪チョイと　ひきもどし

片方の指に、もう片方の指を引っかけて戻すように動かす。

7 ♪どうづいて　あやまった

戻されたほうの指だけ、おじぎをして謝る。

8 「ごめんなさい」

人さし指を向かい合わせて、どちらもおじぎをする。

＋プラスワン

◎「♪にげてって　おいかけて」の動きを喜ぶので、ここを繰り返すと楽しいです。中指でもあそんでみましょう。

★ **Dr. 星山レクチャー** ★
♥…こころ　◆…からだ　●…あたま

解説 & **観察**

●指を曲げる動きがこまやかなあそびです。「♪チョイとひきもどし」では、右手と左手の指がそれぞれ違う動きをします。子どもの指の動きを丁寧に観察しましょう。（◆●）

●逃げるしぐさを楽しみながら、どちらへ逃げるかも一緒に示す必要があります。また、指を人間に見立てた楽しいドラマになっていて、リズミカルです。指を動かす様子から、流れを理解できているかがわかります。（●）

かかわりのヒント

●左右の動きは子どもとの位置関係で見え方が変わります。対面や横並びなど、座る位置を変えて、見え方が違うことに気づくように工夫してみましょう。（●）

●あそび例5、6で方向の認知が難しいときは、一つ一つの動きをその都度、止めながら、ゆっくりまねしていけるように配慮するといいでしょう。（●◆）

●けんかして、仲直りするというドラマは、社会性の育みにも役立ちますね。何度もあそぶうちにせりふやおじぎなども自然に学べることでしょう。（●♥）

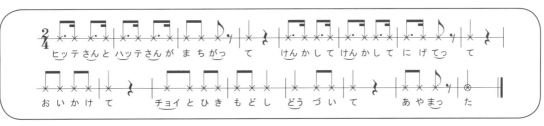

微細運動 手指を刺激

ちゃつぼ

あそび例　　　　　　　　　　　4歳　5歳以上

1 ♪ちゃ

左手を軽く握って茶つ
ぼにし、右手のひらを
上に乗せてふたにする。

2 ♪ちゃ

その右手のひらを
茶つぼの下につけ
て底にする。

3 ♪つ

右手を握って茶つぼに
し、左手のひらをふた
にする。

4 ♪ぼ

その左手のひらを茶つ
ぼの底に持っていく。

5 ♪ちゃつぼ
　〜ふたにし

1〜4を繰り返すが、
楽譜の四分休符では、
しぐさも止める。

6 ♪ろ

1のしぐさに戻って、
おしまい。

➕ **プラス** ワン

◎「♪そこをとって（底を取って）」の言葉に惑わされずに、「♪そ」は
　左手でふたをします。

◎1拍休むところで、休まずにふたをしても最後は同じですが、途中
　で休みを入れたほうが子どもとリズムを合わせやすいです。

Dr. 星山レクチャー

♥…こころ　◆…からだ　●…あたま

解説 ＆ 観察

●右手と左手で、それぞれに茶つぼ
とふたを作る動きは、交互の動き
の繰り返しで、比較的難しい協調
運動です。左右交互の動きがリズ
ミカルか、それぞれの手の動きが
滑らかであるかなどを見ていきまし
ょう。例えば、茶つぼの形が維持
できない、ふたがうまくできない、
左右の入れ替えで混乱する、うた
の速さに動きが追いついていけな
いなど、どこが難しそうか、寄り
添いながら見ていきます。（●◆）

かかわりのヒント

●子どものテンポに合わせて、ゆっ
くり動かすと、どこができていて、
どこができないのかわかりやすくな
ります。できないところを練習する
必要はなく、繰り返し楽しくあそん
でいるうちに、できてしまうという
かかわりがよいでしょう。途中がで
きなくても、最後のつじつまが合
ってしまう場合もあります。正確に
できることにこだわらず、楽しんで
繰り返しあそびましょう。ただし、
観察は大切です。（●◆♥）

ちゃ ちゃ つ ぼ　ちゃ つ ぼ　ちゃ つ ぼにゃ ふた が ない　そ こ を とって ふた に し ろ
1　2　3　4　1　2　3　4　1　2　3　4　1　2　3　4　1　2　3　4　1

78

※楽譜内の番号はあそび例の番号を指しています。　　　　　　　※最後の歌詞（♪ろ）は「♪よ」ともうたわれています。

微細運動 手指を刺激

たけんこがはえた

あそび例　　　　　　　　　　　**4歳** **5歳以上**

Dr. 星山レクチャー ★
♥…こころ　◆…からだ　●…あたま

解 説 & **観 察**

●指の分離を刺激するあそびです。左右で同じ指を出せるかどうか見てみましょう。指を順に出して立てるのも、指と指が分離していないと難しい動きです。（◆）

●「♪ぶらんこ〜」で左右に揺らすことは、動きを滑らかにし、また、リラックスさせる効果もあります。「♪さるがえり」で左右の手の甲をつけて、回転させる動きは少し難しそうですが、かっこいい動きです。子どもたちは、かっこいい動きが大好きです。（◆♥）

かかわりのヒント

●指を1本ずつ意識するようにあそびます。リラックスできるように、揺らす動きを少し大きくしてもいいでしょう。（◆♥）

●どこの指までできるか、わかりやすいあそびなので、途中までしかできない場合は、できる指で繰り返しあそぶように伝えます。繰り返すうちに、だんだんできる指が増えていき、達成感を得られて、楽しいでしょう。（◆♥）

1 ♪たけんこがはえた

両手を握って親指を立て、片方の手を前に出して上下に4回動かす。

2 ♪たけんこがはえた

もう片方の手も前に出して上下に4回動かす。

3 ♪ぶらんこ ぶらんこ

親指を立てたまま、両手を左右に4回揺らすように動かす。

4 ♪さるがえり

親指を立てたまま下に向け、手の甲と甲を合わせて体の前で胸のほうへ回しながら「♪り」で親指を折って人さし指を出す。

5 ♪り

1から4を繰り返し、中指、薬指、小指と順に出して、最後に5本の指をすべて立てる。

6 おしまい

手のひらを外側に向けて、「おしまい」と唱える。

プラスワン

◎子どもの様子に合わせて、できる範囲であそびましょう。4歳くらいになると、繰り返しあそんでいるうちに、中指や薬指も出せるようになります。

たけんこが　はえた　たけんこが　はえた　ぶらんこ ぶらんこ さるがえ り

言葉の世界が広がるわらべうた

まずは子どもの姿をキャッチ！

　身近な大人を呼んだり、要求を伝えたりするときに発する声や、手さし、指さしは、子どもにとっては言葉に代わるコミュニケーションの手段です。絵本やわらべうたのおもしろい言葉は、意味はわからないけれど、楽しくて、まねして言おうとします。

　一方、言葉がはっきりしなかったり、見立ててあそぶことが苦手だったり、体操やダンスでどう動いていいのかわからなくなったりする姿もあります。

> おもしろい言葉が
> 大好き。
> わくわくするね。

> 何度も言っているのに、
> 「なあに？」っ
> て聞かれる。

> 先生が「○○したら、
> 次に△△して……」って、
> どんどん話すと
> わからなくなる。

言葉の世界が広がるわらべうたのセラピーポイント

ノンバーバル（非言語）のやり取りを大切に

　言葉でやり取りする前段階の時期から、コミュニケーションは始まっています。うたを通して表情やしぐさで心を通わせることも、コミュニケーションの一つです。

　また、うたやしぐさの途中で間（ま）を取ることも大事です。子ども自身が言葉を発していなくても、この間を感じることが、コミュニケーションになっているのです。

擬態語・擬音語や抑揚を楽しむ

　「言葉」は聴くことから始まります。子どもは、「ぺったん」「どっしーん」「むしゃむしゃ」などの擬態語・擬音語や、「ほい」「ペッポン」「いーや」といった抑揚のある言葉の音が大好きです。お気に入りのフレーズを楽しみに待ち、喜ぶ子どもに心を寄せて、言葉の世界を一緒に楽しむひとときが言葉を育んでいきます。

イメージを共有する機会に

　相手の話を聴いたり、伝えたりする力は、一人一人違います。その違いに配慮しながら、イメージを共有する楽しさを味わうことを大切にしましょう。例えば、うた（歌詞）に合わせて動くこともイメージの共有につながります。そして、共有したときの喜びが、言葉の世界をさらに豊かに広げていくのです。

言葉の
世界が広がる
わらべうた
音源は
こちらからも
確認できます

おさらに たまごに

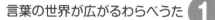

あそび例 | 0歳 | 1歳 | 2歳 | 3

Dr. 星山レクチャー

♥…こころ ◆…からだ ●…あたま

1 ♪おさらに たまごに はしかけ

丸めた布やお手玉などを両手で包んで隠し、合わせた両手を上下に返しながら揺らす。

2 ♪ほい

両手をぱっと開いて、手の中の物を見せる。あるいは、手の中の物を素早く片方の手に握り、「どっちだ？」と子どもに聞く。

解説 & 観察

●子どもは動く物や音が出る物を目で追います。この追視に着目してみましょう。手の中に物を隠すと、子どもは「何が入っているのかな？」「何が出てくるのかな？」とわくわくしながら、保育者の動きを目で追います。動きをまねしなくても、見ているだけで、認知や記憶の発達を刺激するのです。こうした楽しい体験が言葉を育む最初の一歩となります。(●♥)

●「＋プラスワン」のグーチョキパーのあそびでは、手指の巧緻(こうち)性や左右の協調運動を高める動きが出てきます。「まねっこしようとしているかな？」「タイミングがうまく合っているかな？」など、そっと観察してみてください。(◆●)

＋プラスワン

◎布は、薄くてふわっと広がるシフォンがおすすめです。
◎4歳以上では、グーチョキパーの手あそびとしても楽しいです。

♪おさらに

片手をパーにして出す。

♪たまごに

もう片方の手をグーにして出す。

♪はしかけ

パーの手をチョキにして出す。

♪ほい

手拍子を1回する。

※両手で同じものを出してもOK。

かかわりのヒント

●「おさら」「たまご」「はし」など、うたの中に身近な単語が出てきます。自然に言葉のリズムに慣れていけるように、繰り返し楽しみましょう。「♪はしかけ ほい」など、言葉のリズムが調子よく耳に響きます。一つ一つの単語の最初の音をはっきり発音するようにしましょう。(●)

●当てっこあそびや、手あそびなど、子どもの年齢や発達に応じて、あそびの難易度を変えながら繰り返し楽しみましょう。保育者が楽しそうだと、子どもたちも「自分でもやってみよう」という気持ちになりますね。(●♥)

$\frac{2}{4}$ おさらに たまごに はしかけ ほい

きゃあろの めだまに

あそび例　　　1歳　2歳　3歳

Dr. 星山レクチャー
♥…こころ　◆…からだ　●…あたま

1
♪きゃあろのめだまに　きゅうすえて
それでもとべるか　とんでみな
オッペケペッポ　ペッポッ

手のひらに乗せたお手玉をつまんで、
リズムに合わせて上下に動かす。

2　♪ポ

子どもの頭の上に乗せる。

解説 & 観察

●言葉のリズムが楽しいですね。身体を揺らして楽しんでいるでしょうか。保育者や友達と同じように動こうとしているか、寄り添いながら感じてみてください。言葉を育む土台は、リズムの心地よさを共有し、表現する楽しさにあります。（♥●）

●お手玉を頭に乗せることは、身体のバランスを取る力を育てます。また、頭に乗せるためには、身体の軸を真っすぐに立てる必要があります。身体の軸を垂直に保とうとしているか、見てみましょう。（◆）

➕プラスワン

◎子どもたちは「♪オッペケペッポ　ペッポッポ」の語感が大好きです。

◎人数分のお手玉を用意し、順に子どもの頭に乗せていくあそびも楽しいです。頭に乗せてもらった子は、その後、保育者が繰り返すしぐさをまねするでしょう。

かかわりのヒント

●語感のおもしろさと、言葉のリズムを楽しみましょう。特に大好きな「♪オッペケペッポ　ペッポッポ」では、子どもも一緒にうたおうとするでしょう。子どもたちのペースに合わせたテンポでうたいましょう。（●）

●身体を揺らしたり、手拍子したり、床をたたいたりなど、応用しやすいあそびです。子どもは、言葉の意味がわからなくても、楽しそうな雰囲気を感じて、またやってみたい気持ちになります。おどけた感じで楽しさを盛り上げてください。（●◆）

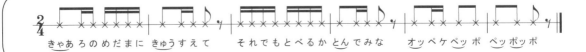

きゃあろの めだまに　きゅうすえて　　それでもとべるか とんでみな　　オッペケペッポ ペッポッポ

きゃあろ＝カエル

おてぶし てぶし

あそび例　　　　　　　　2歳　3歳

1 ♪おてぶし てぶし てぶしの なかに へびのなまやけ
　　かえるのさしみ いっちょばこ やるから まるめておくれ

合わせた両手の中に
小さなおもちゃを入
れて、上下に振りな
がらうたう。

2 ♪いーや

手の中の物を素早く片方
の手に握り、「どっちの
手に入っているかな？」
と当てっこをしてあそぶ。

ビっちだ！

＋プラスワン

◎気になる言葉や、おもしろく感じた言葉が出てくるところだけをまね
　て一緒にうたおうとする子がいます。テンポがずれても、気にせず、
　一緒にうたう楽しさを共有しましょう。

解説 & 観察

● 語彙（ごい）がぐっと増える2歳前後
の子どもたちは、はじめて出合う言
葉に興味津々。聞き慣れない言葉
に敏感に反応します。どの言葉に、
どんな反応をするでしょうか。（♥●）

● 子どもは「手の中に何かがあるのか
な？」「ないのかな？」「どちらの手に
あるのかな？」など、わくわくしながら、
保育者の手の動きを目で追い、保
育者が手をぱっと広げたとき、じっと
見ます。こうしたやり取りを通して子
どもは「動く」と「止まる」を認識して
いきます。認知の発達にかかわる大
切なポイントです。（●）

かかわりのヒント

● 子どもは意味がわからない単語でも、
音やリズムから言葉を覚えます。リズ
ムを刻みながら、あそんでいるうち、
部分的に意味がわかるようにもなりま
す。子どもの反応に応えるように、
表情豊かにうたいましょう。（♥●）

● 最後の「♪いーや（嫌）」も大切な単
語です。自分の感情を示すあそびう
たは、子どもたちの心を豊かに育み
ます。（♥●）

● 思わず一緒にうたったり、保育者の
手の動きをまねたりしたくなるような、
いろいろな「わくわく」を育みましょう。
ときには、同じところを繰り返したり、
ちょっと間（ま）をおいたりするのも楽
しいです。（●♥）

おてぶし てぶし　てぶしの なかに　へ びの なまやけ

かえるの さしみ　いっちょばこ やるから　まるめて おくれ　いーや

てぶし＝「手節」のことで、手や手首という意味。

どっちん かっちん

あそび例 **0**歳 ～ **1**歳 **2**歳 **3**歳 **4**歳 **5**歳以上

Dr. 星山レクチャー

♥…こころ ◆…からだ ●…あたま

解説 & **観察**

1
♪どっちん かっちん かじやのこ
　はだかで とびだす ふろやのこ

子どもを向かい合わせになるように膝に乗せる。子どもの脇をしっかり支え、うたに合わせてリズミカルに膝を上下に動かす。

2
♪どっしーん

足を開いて子どもを床に下ろす。

●かけ声のように「♪どっちんかっちん」を調子よく、身体の動きも合わせて刻みましょう。韻を踏んでいるようなおもしろい響きですね。また、「はだか」「とびだす」といった子どもにもなじみがある、楽しい言葉に親しめます。（●◆）

●上下の揺れは「抗重力運動」といって、重力に逆らう動きです。姿勢を保とうとする身体のバランス感覚、転びそうなときにとっさに手を着くような反射など、さまざまな発育に大切な運動です。子どもによって、心地よさを感じる揺れの大きさが違うので、表情を確認しながらあそびましょう。（◆♥）

➕プラスワン

◎「♪どっちん〜ふろやのこ」までを3回くらい繰り返しうたってから、「♪どっしーん」に進みましょう。わくわく感が膨らみます。子どもはこのシーンが好きなので、自分から身体を反らせて一緒に楽しもうとします。

◎あそびに慣れてきたら、3、4人の子どもを足に乗せてあそんでみましょう。保育者は両手を床に着いて上体を支え、膝を上下に動かしてあそびます。

◎しぐさあそびとしても楽しめます。

両手を握って肩に乗せ、両足で床を踏みしめて相撲の四股を踏むようにして歩く。手と足は、同じ側を一緒に動かす。

かかわりのヒント

●最後の「♪どっしーん」の前に、休符が出てきますが、ここが期待感を高める「間（ま）」です。この間の取り方によって、「♪どっしーん」の印象が変わってきます。子どもの様子に合わせて、間の長さを変えて、言葉ではない「ノンバーバルコミュニケーション」を楽しみましょう。（●♥）

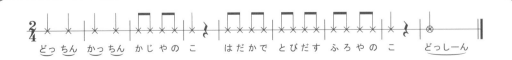

どっちん　かっちん　かじやのこ　　はだかで　とびだす　ふろやのこ　　どっしーん

※音源ではあそび例1の歌詞を2回繰り返しています。

とんぼやとんぼ

あそび例

| | | | 3歳 | 4歳 | 5歳以上 |

Dr. 星山レクチャー

♥…こころ　◆…からだ　●…あたま

解説 & **観察**

1
♪とんぼやとんぼ　むぎわらとんぼ　しおからとんぼ
　ひなたはあつい　こちゃきてとま

子どもたちは輪を作り、両手を握りこぶしにして、前に出す。最初は保育者がおにになって輪の中に入り、人さし指で、握りこぶしの上を2拍子のリズムで順に触っていく。

2
♪れ

ここで触られた子が
おにを交替する。

●子どもたちは、「♪こちゃきてとまれ」という表現にひかれるでしょう。日常で使っていない言葉に耳を傾ける時間が、聴く力を育みます。（●♥）

●「グーを前に出したまま、保っていられるかな？」「触られることを予期して、わくわくしているかな？」など、子どもの様子を見てみましょう。（◆♥♥）

●こぶしを前に出すのは、単純な動作ですが、床との身体の平衡感覚の維持が必要になる動きです。また、トンボに見立てた人さし指やハンカチを目で追い、触られることの繰り返しを通して、自分と物との位置関係や距離感をつかんでいきます。（◆●）

かかわりのヒント

●リズムをしっかり刻み、速くならないように気をつけましょう。（●）

●「自分の手に止まるかな」というわくわく感に心を寄せながら、あそびましょう。（♥）

●子どもが野原の中でトンボとあそぶさまをうたっています。自然の中で、このような体験を重ねることで、本当の言葉の意味やあそびの広がりをイメージできるようになります。意識して機会を作っていきたいですね。（●♥）

＋プラスワン

◎ハンカチなどを指に挟み、唱えながら子どもたちの周りを飛んでいるように動かすのも楽しいです。「♪こちゃきてとまれ」で、子どもの肩や頭に止まりましょう。

とんぼやとんぼ　　むぎわらとんぼ　　しおからとんぼ　　ひなたはあつい　　こちゃきて とまれ

ぺったら ぺったん

あそび例 | | | | 3歳 | 4歳 | 5歳以上

1回目

1 ♪ぺったら ぺったん もちつけ もちつけ
ぺったら ぺったん もちつけ もちつけ もちつけた

手のひらにお手玉を乗せ、うたに合わせてお手玉をたたく。

2 「はい かみだなへ」

お手玉を頭の上に乗せる。

3 「ことしも おこめが
いっぱい とれますように
おねがいします」

手を合わせて唱える。唱えた後に、姿勢を正しておじぎをして、頭に乗せたお手玉を落とし、両手でキャッチする。

2回目

4 ♪ぺったら ぺったん
もちつけ もちつけ
ぺったら ぺったん
もちつけ もちつけ
もちつけた

1を繰り返す。

5 「はい とだなへ」

お手玉を肩に乗せる。

6 「となりの ねずみが ひいてった」

「た」でお手玉を手のひらに戻す。

3回目

7 ♪ぺったら ぺったん
　～もちつけた

1を繰り返す。

8 「はい おとなりへ」

お手玉を隣の人の
肩に乗せる。

9 「となりのひとに
おすそわけ」

「おすそわけ」で
隣の人を見ながら
おじぎをする。

➕ プラスワン

◎お手玉をもちに見立て、もちつきのイメージで楽しみます。

◎一定のリズムでたたいた後、「はい かみだなへ」で、頭に
お手玉を乗せると、どの子も神妙な表情を見せ、低年齢児
も姿勢を正して「ことしも おこめが いっぱいとれますよ
うに」と唱えています。

⭐ Dr. 星山レクチャー ⭐
♥…こころ ◆…からだ ●…あたま

解説 & 観察

●上下の動きを伴って、「♪ぺったらぺったん」という
楽しいリズムと破裂音が繰り返し出てきます。覚え
やすい、調子がよいなど、言葉あそびの基本が入っ
ています。うたのテンポはちょうどいいか、場面展
開が長すぎないかなど、子どもの様子を見ながら確
認しましょう。（●）

●お手玉を頭の上に乗せる動きを「静的バランス」とい
います。頭の上に乗せるには、自分の身体の軸を
意識し、垂直に保つことが必要だからです。また、
あそび例3の「姿勢を正す」動きを通して身体の軸
を意識し、バランスを取る感覚につながる力が育ま
れていきます。（◆）

●「もちつきをする」というイメージを保育者や友達と共
有し、動きを合わせることで、安心感と親近感を育
みます。「動」と「静」が交互に出てくることで、身体
をコントロールすることにもつながります。（◆♥●）

●あそび例8では、お手玉を保育者や友達の肩に乗
せる、あるいは乗せてもらうという動きが出てきます。
これは人との距離感や位置関係といった「空間認
知」を育みます。このような動きは将来、「振り付け
を覚える」「字を書く」など、さまざまな場面で、上下、
左右、前後、斜めなどの方向を捉える力の基礎に
もなります。お手玉を乗せるところを特に丁寧にかか
わり、一人一人の姿を見ていきましょう。（●◆）

かかわりのヒント

●うたの言葉と、せりふの言葉のメリハリを意識し、
しっかりとリズムを刻むようにうたいます。日常では
あまり耳にしないせりふだけに、動作と合わせて、
強く印象に残るでしょう。（●）

●せりふについては、子どもたちの年齢に応じて、あ
そび例の1回目のみにする、3回目まで通すなど、
調節します。3歳までは、1回目を繰り返すといい
でしょう。（●）

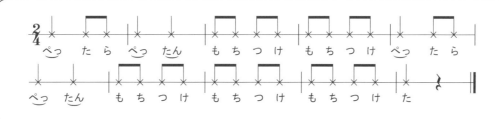

言葉の世界が広がるわらべうた **7** CD NO.50

あぶくたった

あそび例　　　　　　　　3歳　4歳　5歳以上

1 ♪あぶくたった　にえたった
　　にえたかどうだか　たべてみよ

輪になって中心を向いて手をつなぎ、おには
輪の中心でしゃがむ。輪を作った子どもたち
は、うたいながら右へ歩き、止まる。

2 ♪むしゃ　むしゃ　むしゃ

手を離しておににに近づき、おにの頭
を触りながら、食べるまねをする。

3 ♪まだにえない

輪に戻り、手をつなぐ。

4 ♪あぶくたった　にえたった
　　にえたかどうだか
　　たべてみよ
　　むしゃ　むしゃ　むしゃ

1→2と同じ。

5 ♪もうにえた

おにの頭から手を離し、みんなでうたう。
この後、順に言葉を唱えていく。

6 「とだなにいれて」

おにをみんなで抱えるイメージ
で、戸棚に見立てた所に移す。

7 「かぎをかけたら
　　がちゃ　がちゃ　がちゃ」

鍵をかけるまねをして、元の場所に戻る。

8 「おふろにはいって
　　じゃぶ　じゃぶ　じゃぶ」

身体を洗うまねをする。

9 「ごはんをたべて
　　むしゃ　むしゃ　むしゃ」

ごはんを食べるまねをする。

88

10 「おふとんしいて さあ ねましょ」

布団を敷くしぐさをした後、眠るまねをする。

11 「とん とん とん」

おにはみんなのそばに来て、ドアをノックするまねをしながらせりふを言う。

12 「なんのおと?」

みんなが聞き、おにが「みずのおと」などと言うと、みんなは「あー、よかった」と答える。答えを変えながら、やり取りを繰り返す。

13 「おばけのおと」

おにが「おばけのおと」と言ったら、みんなは逃げ、おにが追いかける。捕まった子がおにを交替する。

＋プラスワン

◎ 「とんとんとん」「なんのおと?」「○○のおと」「あー、よかった」の繰り返しでは、おには「自転車の通るおと」「雨が降っているおと」など、いろいろ考えて答えます。はじめのうちは、おにが答えに詰まって、スムースにいかないことがありますが、繰り返してあそぶうちにかけ合いが楽しくなり、盛り上がっていきます。

◎ このあそびは、劇あそびのように場面が3つになります。うたう場面、おにと子どもたちがやり取りする場面、そして、おにごっこの場面。最後まであそぶと10分くらいはかかりますが、子どもたちは、その役になりきってあそびます。できるだけ時間をたっぷりとり、あそび込めるようにしましょう。年上の子と一緒なら、2歳代もあそべます。

Dr. 星山レクチャー ★
♥…こころ　◆…からだ　●…あたま

【 解説 & 観察 】

● 手をつなぎ、うたに合わせて、友達と回っていると、リズムと身体の動きが合ってきます。うたいながら、回ったり、動いたりする中で、言葉やリズムを覚えていきます。（◆●）

● 友達とのかかわりが小さな劇のように展開していく楽しいわらべうたです。手をつなぐ場面や友達と同じ動作をする場面では、つながる楽しさや安心感を味わえます。少しどきどきしたり、不安になったりするシーンも出てきますが、楽しい場面との落差がおもしろくもあり、友達がいるという安心感にもつながります。（♥●）

【 かかわりのヒント 】

●「♪あぶくたった　にえたった」で、語尾の「たった」が繰り返されるので、親しみやすく、また、動きに合わせて言葉を覚えていきます。言葉は複雑ですが、シンプルな旋律の繰り返しなので、心に残ります。子どもの様子に合わせたテンポであそびましょう。（●）

●「なんのおと?」という問いかけに集中力が増し、おにの言葉が記憶に残る場面です。また、生活に関係する単語や想像しやすい動作も多く出てきます。その言葉や動作により、子どもの反応が変わるでしょう。保育者も一緒にあそぶ中で、イメージを共有して楽しめるようにかかわります。こうした体験が言葉でやり取りする世界を広げていくのです。（●♥）

あぶくたった＝アズキがぐつぐつ煮えている様子

たまげた こまげた

あそび例 | | | | 3歳 | 4歳 | 5歳以上

1 ♪たまげた

お手玉を頭に乗せて、「♪たまげた」で片方の手をお手玉の上に置く。

2 ♪こまげた

もう片方の手を重ねる。

3 ♪ひより

両手を左右に広げる。

4 ♪げた

頭を下げて、お手玉を落とす。

＋プラスワン

◎最初は保育者がしぐさを見せるとわかりやすいです。慣れてくると、最後の「♪げた」で、頭を下げると同時に両手を前に出して、お手玉を受けることもできるようになります。

Dr. 星山レクチャー

♥…こころ ◆…からだ ●…あたま

解説 & 観察

●おまじない言葉のようなおもしろさがあります。うたを聞きながら、しぐさのタイミングを合わせるのは大人が思うよりも難しいのですが、子どもはわくわくするでしょう。（●）

●「頭の上にお手玉を乗せる」「お手玉を押さえる」「お手玉を受け止める」など、少し難しい動作がいろいろ出てきます。一つ一つが、子どもにとってはチャレンジです。「できる、できない」ではなく、あそびを楽しんでいるか注目してください。（♥◆）

かかわりのヒント

●語尾の音は子どもの記憶に残りやすいので、はっきりとうたうようにしましょう。このうたでは、「♪げた」という語尾の音の繰り返しが楽しいです。繰り返される音と動きを楽しむ中で、言葉に親しんでいきます。（●）

●最後でお手玉を手の中に受け止められるようになると、達成感があります。保育者も一緒にたくさん感動しましょう。うまくいかなくても、チャレンジしたくなるように楽しくうたいながら、繰り返しあそびます。（♥◆）

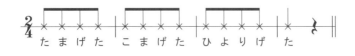

$\frac{2}{4}$ たまげた こまげた ひよりげた

でんでらりゅうば

| あそび例 | | | | | 4歳 | 5歳以上 |

♪でんでらりゅうば（龍がでられるなら）
でてくるばってん（でてくるぞー）
でんでられんけん（でてこられないかも）
でてこんけん（でてこられないなら）
こんこられんけん（こられないから）
こられられんけん（これないから）
こん　こん（きませんよー）

※（　）内の歌詞は標準語に訳した意味

はじめはゆっくりうたい、繰り返してうたっていくうちに、少しずつテンポを上げていきましょう。だんだん口が回らなくなります。

➕プラスワン

◎はっきり発音しないと、何を言っているのかわからなくなります。口を大きく動かすのがポイント。

Dr. 星山レクチャー⭐
♥…こころ　◆…からだ　●…あたま

解説 & **観察**

●言葉の響きがおもしろく、子どもがわくわくする音の繰り返しになっています。知らない地方の言葉で意味がわからなくても、心に響き、繰り返し聴いているうちに覚えていくでしょう。わらべうたは、さまざまな地域の文化に自然にふれて親しんでいく貴重な手段でもあるのです。（●♥）

●口が回らなくなって、大笑いする姿もありますが、みんなの息がぴったり合って、最後までうたえると、達成感を味わえます。（♥）

かかわりのヒント

●はじめは、「♪こんこん」だけをうたう子もいるでしょう。最初からしっかりとうたえるようになるわけではなく、子どもにとって覚えやすい、調子よいリズムからまねできれば、それでよいのです。ゆっくりとしたテンポから始めましょう。（●）

●しっかりうたえるようになったら、グループに分かれて、追いかけうたに挑戦してみても楽しいですね。（●）

でん で ら りゅう ば　でて くる ばっ てん でん で られん けん　で て こん けん こん こ られん けん　こ られ ら れん けん こん こん

友達と一緒に楽しむわらべうた

※掲載しているわらべうたは、「同じ動きを楽しむ」と「ルールを楽しむ」に分けています。

まずは子どもの姿をキャッチ！

保育者との安定した関係を基盤に、子どもの気持ちはほかの子に向かっていきます。同じことをして、「楽しいね！」という気持ちを共有する経験を経て、役割を分担してごっこあそびを楽しんだり、ルールを理解して互いに約束を守りながらあそぶおもしろさを感じたり、友達とのやり取りはどんどん広がっていきます。

その一方で、やり取りが続かなくて困る、互いの思いやつもりがぶつかる、ルールがよくわからないなど、「楽しいね」という出来事ばかりではありません。

> ○○ちゃん、何しているのかな。

> やった！みんなと一緒は楽しいね。

> △△したいのに、わかってくれない！

> 一人であそぶほうが好き。

友達と一緒に楽しむわらべうたのセラピーポイント

「おなじ」を楽しむ	ほかの子と同じ動きを楽しむことは、周りの子に意識を向けることや気持ちを共有することにつながります。保育者は、子どもと向き合って動くとき、自分が鏡になったイメージで左右の手足の動きを逆にするなど、子どもが混乱しないように配慮しましょう。
つながる心地よさを感じる	友達と手をつないで動くとき、相手の速度や向きに合わせて動くことを難しいと感じる子がいます。また、手をつなぎたがらない子の中には、自分の身体の位置や輪郭がどこまでなのかという身体意識が育っていない場合もあります。わらべうたの楽しい雰囲気の中で、一人一人の感覚に合わせて援助し、つながるための距離感や、ほどよい力加減を知る体験につないでいきましょう。
役交替や言葉のかけ合いを楽しむ	あそびのルールについては、理解度に個人差が生じることがあります。でも、大切なのは、友達とやり取りする楽しさを味わうことです。困っている子のそばでさりげなく援助するなど、一人一人の「楽しさ」を保障する配慮が求められます。

友達と一緒に楽しむわらべうた　音源はこちらからも確認できます

友達と一緒に楽しむわらべうた **1** CD NO.**53**

なべなべそこぬけ

同じ動きを
楽しむ

あそび例 | | | | **3歳** | **4歳** | **5歳以上**

1 ♪なべなべそこぬけ
そこがぬけたら

身体の前で両手を丸くし
ておなべを作り、うたに
合わせて左右に揺らす。

2 ♪かえりましょ

その場でぐるっと回る。

＋プラスワン ◎3歳後半以降であれば、2人で向かい合って、
あそびましょう。

♪なべなべそこぬけ そこがぬけたら

つないだ手を大きく左右に振る。

♪かえりましょ

つないだ手の片方を上げ、輪の中を
2人でくぐって背中合わせになる。

♪なべなべそこぬけ そこがぬけたら

背中合わせのまま、つないだ
手を大きく左右に振る。

♪かえりましょ

つないだ手の片方を下げ、下げたほうの
肩を見ながら2人でくぐって元に戻る。

Dr. 星山レクチャー

♥…こころ　◆…からだ　●…あたま

解説 & **観察**

● 1人ずつであそぶときは、周りの子の動
きを意識しているか見てみましょう。（♥）

● ペアの場合は、相手がいることで、手
をつなぐときの力の入れ方や回るタイミ
ング、また、両手をつないで左右に振
るリズムを意識することができます。特に
「♪かえりましょ」は、身体の回旋運動が
入っています。難しい動きなので、手を
離してしまうことも多いでしょう。2人の
呼吸を合わせることが必要ですから、互
いに合わせようとしているかどうかを見て
ください。（●◆）

● ペアによっては、うまくいかないことがあ
るので、どんな動きや場面で困っている
か、よく観察してみましょう。（◆●）

かかわりのヒント

● 1人ずつでも大きな輪になったり、向か
い合ったりして、友達を意識するスタイ
ルを工夫してみましょう。（♥）

● 「♪かえりましょ」で手が離れてしまっても、
そのまま続けられるように援助します。う
たと動きが連動するおもしろさを体験で
きるようにしましょう。（◆♥）

● ペアを作るときは、背の高さや、動きの
スピードなどが合っているほうがうまくいく
かもしれません。うたの速さと動きは連
動するので、ゆっくりうたってみるとうまく
いくこともあります。（◆●）

なべ　なべ　そこぬけ　　そこが　ぬけたら　かえりましょ

どんぐりころちゃん

（同じ動きを楽しむ）

あそび例 | | | | 3歳 | 4歳 | 5歳以上

Dr. 星山レクチャー ★

♥…こころ　◆…からだ　●…あたま

解説 & 観察

●友達と同じ動きを楽しむことが、仲間意識を育んでいきます。その子なりに楽しんでいるかどうか、一人一人の表情を確かめながら進めましょう。（♥）

●相手を意識し、動作をまねして、同じ動きを楽しむことは、左右・上下の動きやジャンプなど、自分では思いつかないさまざまな動きの体験を豊かに広げることを意味しています。ほとんどの動きが、左右が同じ動き（両側性運動）なので、保育者や友達と向かい合っていても混乱が少ないです。（●◆）

●「♪どんぐりころちゃん」「♪どんぐりはちくり」は、身体の中心線（正中線）をまたいで往復するので、身体の真ん中を意識する動きです。「♪しょ」では、右か左かを意識するでしょう。ほかに、かかとを意識する動きもありますね。こうして子どもは、全身のバランスや重心の位置などを学んでいきます。（●◆）

1 ♪どんぐりころちゃん

両手でどんぐりの形を作り、左右に4回振る。

2 ♪あたまは　とんがって

両手を合わせたまま、頭の上にあげ、かかとを4回上下させる。

3 ♪おしりは　ぺっちゃんこ

膝を屈伸させながら、おしりを4回たたく。

4 ♪どんぐりはちくり

両手の指を組み合わせ、左右に早く振る。

5 ♪しょ

そのまま、両手を肩や顔に付ける。

＋プラスワン

◎最後の「♪しょ」で、片足を上げるしぐさを組み合わせても楽しいです。
◎あそび例2、3については、低年齢児は手のしぐさだけにするなど、できる範囲で楽しみましょう。

かかわりのヒント

●動きを覚えるのが難しいようなら、うたのテンポを遅くして、スローモーションのイメージでやってみるとよいでしょう。正確さより楽しさを大切にしましょう。あそんでいるうちに、なんとなくできるようになっていくのが理想です。（●◆）

どんぐり　ころちゃん　あたまは　とんがって　どんぐりはちくり　しょ
　　　　　　　　　　　おしりは　ぺっちゃんこ

友達と一緒に楽しむわらべうた **3** CD NO.**55**

かりかりわたれ

同じ動きを
楽しむ

あそび例 | | | | 3歳 | 4歳 | 5歳以上

1 ♪かりかりわたれ～なかよくわたれ

手をつないだり、列を作ったり、自由なスタイルで、うたいながら
歩く。はじめはゆっくりとしたリズムに合わせてうたい、慣れてき
たら、蛇行するように歩いていこう。

＋プラスワン

◎雁（かり）が空を渡っていく様子をイメージしたあそびです。

◎歩いているうちにだんだんテンポが速くなるので、リーダー役の保育
者はしっかりうたってリズムを刻むことが大切です。

◎狭い場所であれば、保育者が先
頭になってうず巻きを作るよう
に歩くのも楽しいです。地面に
うず巻きのラインを描いておく
とわかりやすいです。

Dr. 星山レクチャー

♥…こころ ◆…からだ ●…あたま

解説 & 観察

●手をつなぐことで仲間意識が育ち、
動きを合わせることや相手との距
離の取り方で互いのことを知って
いきます。また、一緒にうたうことで、
友達の声を聴きながら自分の声を
意識していきます。（◆♥●）

●目指す方向を共有して、友達とつ
ながりながら歩くことで、バランス
感覚や方向感覚が発達します。自
分の意思とは違う方向に動くことも
あり、全体の動きを判断しながら歩
くのは難しいものです。でも、だか
らこそ、前後の友達の身体の向き
や進もうとする力を感じるでしょう。
一方で、自分の身体の位置やボ
ディーイメージなどが育っていない
と、どうつながっていいかわからなく
なる子もいます。一人一人の様子
を観察しましょう。（◆●）

かかわりのヒント

●友達との距離の取り方がつかめず、
よくぶつかる子に、とても意味のあ
るあそびです。苦手な子がいたら、
テンポを落とし、保育者が間に入
ったり、並び順を調整したりして、
こまやかに配慮しながら進めましょう。
（◆●）

かりかり　わたれ　おおきなかりは　さきに　ちいさなかりは　あとに　なかよく　わたれ

くまさん くまさん

同じ動きを楽しむ

あそび例 | | | | **3歳** | **4歳** | **5歳以上**

1 ♪くまさん くまさん

立ったまま手拍子を4回。

2 ♪まわれみぎ

腕を振りながら、その場を1周回る。

3 ♪くまさん くまさん

手拍手を4回。

4 ♪りょうてを ついて

しゃがんで、両手のひらで床を4回たたく。

5 ♪くまさん くまさん

手拍手を4回。

くまさん くまさん まわれみ ぎ くまさん くまさん りょうてを ついて
くまさん くまさん かたあし あげて くまさん くまさん さようなら

6 ♪かたあし あげて

その場で
片足跳びを
4回。

7 ♪くまさん くまさん さようなら

手拍手を4回
の後、おじぎ
をする。

＋プラスワン

◎テンポが速くなりがちなので、しっかりリズムを刻んでうたいましょう。また、「♪くまさん」のリズムが、「♪くーまさん」にならないように気をつけましょう。

◎2人で向かい合ってあそんでも楽しいです。あそび例4では、向かい合っている2人で両手を合わせましょう。ほかは同じしぐさです。5歳以上なら、二重円を作って向かい合い、1回うたった後、外側の子が右に動いて相手を替えて繰り返してみましょう。

♪りょうてを ついて

5歳以上

向かい合った2人の手を合わせる。

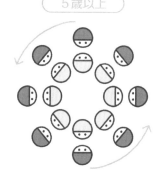

外側の子だけ右に動く。

Dr. 星山レクチャー
♥…こころ　◆…からだ　●…あたま

解説 ＆ 観察

●あそび例は、相手とのふれあいは少なく、自分の動きに集中できるあそびですが、繰り返す中で、友達と同じ動きを楽しみ、一体感を味わっていきます。（◆●）

●片足で跳ぶ、床に手を着くなどは、早い子だと3歳頃からできはじめ、5歳程度でほぼ完成する動作です。しぐさの難易度を調整しながら、一人一人の育ちを確認しましょう。（◆）

●5歳になると、「♪まわれみぎ」で向きを変えることや、手をたたくタイミングと回数の理解、片足での跳び方などもスムースになってきます。こうしたさまざまな動きを友達と合わせようとすることで、認知する力が育まれていくのです。輪を作って、相手が次々交替していくあそび方にトライするときは、保育者が仲間に入り、楽しみながら、子どもの様子を観察しましょう。（●◆）

かかわりのヒント

●3歳であれば、片足跳びなどはできなくても、まねができれば十分です。4歳になるとだんだんできるようになってきます。輪になったり、向かい合わせになったりして、友達と同じ動きを楽しめるように工夫し、少しずつできることが増えてくるうれしさを共有するやり取りを大切にしましょう。（◆♥●）

●「＋プラスワン」で紹介されている、相手が替わるあそびは5歳以降の子どもにはとても楽しいやり取りです。相手によって、リズムや呼吸の速さが微妙に異なります。相手と手を合わせる動作では、相手との距離の取り方など、空間認知を自然に得ていきます。あそびの要領をつかめるようになるまでは、人数を分けて輪を小さくしたり、なんとなく不安そうな子どものそばに保育者がついたりして、援助しましょう。（●◆♥）

はやしのなかから

同じ動きを
楽しむ

あそび例　　　　　　　　　4歳　　5歳以上

1「せっせっせーの」

2人で向かい
合って手をつ
なぎ、上下に
3回振る。

2「よいよいよい」

手をつないだ
まま交差して、
上下に3回振
る。

3♪はやしのなかから　おばけが

つないだ手を離し、両手のひらを水
平に重ねる。1拍目は自分の手を合
わせ、2拍目で相手の手の上に合わ
せる。これを繰り返す。

4♪にょーろ　にょろ

両手を前に
垂らして、
おばけのま
ねをする。

5♪おばけのあとから
とうふやさんが　ぷーぷー

3を繰り返した
後、片手を口元
に持っていって
ラッパを吹くま
ねをする。

はやしの　なかから　おばけが　にょーろにょろ　　おばけの　あとから　とうふやさんが　ぷー　ぷー

とうふやさんの　あとから　こぶたが　ぶーぶー　こぶたの　あとから　こどもが　じゃんけんぽん

6 ♪とうふやさんのあとから
　　こぶたが　ぶーぶー

3を繰り返した後、片手の人さし指で鼻の頭を上に向ける。

7 ♪こぶたのあとから
　　こどもが　じゃんけんぽん

3を繰り返した後、「♪じゃんけん」でかいぐりをして、「♪ぽん」でじゃんけんをする。

➕プラスワン

◎利き腕が同じ子同士でペアを作るようにしましょう。

◎保育者と大勢の子どもたちであそぶときは、大きな輪を作り、あそび例3の2拍目は、両膝打ちに変えます。

◎「♪こぶたのあとから」の後に、登場人物を増やして、しぐさあそびを楽しみましょう。

例)

♪おすもうさんが
　どすこいどすこい

両手で握りこぶしを作り、肩を上下させる。

♪おーひめさまが
　おほほおほほ

手のひらを返して口元に持っていく。左右に1回ずつ。

Dr. 星山レクチャー ⭐
♥…こころ　◆…からだ　●…あたま

解説 & 観察

●「せっせっせーのよいよいよい」は、わらべうたによく出てくる始まりの合図です。「よいよいよい」のつないだ手を交差する動きは、身体の中心線（正中線）を越える交差運動で、子どもにとっては少し難しい動きです。わらべうたが、この正中線交差運動を自然に援助しています。（◆）

●「♪はやしのなかから　おばけが」の手の動きは、さらに複雑ですが、相手とやり取りする楽しさを味わえる場面です。うまくいかなくても、互いにやり取りを楽しんでいる様子が見られるか、観察しましょう。また、保育者が相手をするときは、動きの流れが理解できているか、力の入れ具合は適度かどうかなどを確かめます。（◆♥●）

かかわりのヒント

●「せっせっせーのよいよいよい」は、リズミカルで調子がよいので、動作が速くなりがちです。うたのテンポを調節して、滑らかな動きを大切にしましょう。（◆●）

●おもしろい言葉や擬態語が多いので、子どもは興味をそそられ、ゆかいな動作も自然と出てきます。友達とまねっこしながら同じ動きをすることで、楽しさも増幅されます。保育者もメリハリのある動きを意識して、楽しい雰囲気を盛り上げましょう。（●♥◆）

●身体が一定のリズムを刻んでいるので、じゃんけんもタイミングを合わせやすいですね。じゃんけんのルールを理解して楽しむようになるのは、おおむね5歳以降なので、子どもの様子に合わせてかかわりましょう。（◆●）

もぐらどんの

ルールを
楽しむ

あそび例　　　　　　　3歳　　4歳　　5歳以上

1 ♪もぐらどんの
　　おやどかね

手をつないで輪を作り、うたに合わせて右へ8歩あるく。もぐら役の子は、輪の真ん中で眠ったふりをする。

2 ♪つち　ごろり
　　まいった

輪の中に向かって6歩進む。

3 ♪ほい

もぐら役の子を囲む。

4

♪おきなさ〜い♪

「もぐらさん、もぐらさん、あさですよ。おきなさい」と、もぐら役の子に声をかける。

100

◎役交替を追いかけるスタイルにしない方法もあります。

「おきなさい」と声をかけられたもぐら役の子は、「はーい」と言って立ち上がり、近くにいる子に触って交替する。

◎あそびの要領を理解して慣れるまでは、もぐら役を保育者が行ったり、もぐら役になった子についてサポートしたりするといいでしょう。

◎あそびになじんできたら、子どもと相談して、もぐらを起こす役を決め、せりふも起こす役になった子が考えてみましょう。子どもによってせりふが変わるので、わくわく感も膨らみます。大勢であそぶ場合は、もぐら役を2人にしてもいいでしょう。

Dr. 星山レクチャー

♥…こころ　◆…からだ　●…あたま

解説 & 観察

●おに（もぐら）役を交替する、役交替のあそびです。このような設定が大好きな子は、誰がおにになるのか、そのどきどき感を役交替で体験することができます。反対に、特定の子に役割が回ってくるあそびを不安に感じ、嫌がる子もいます。一人一人の表情や参加のしかたなどを注意深く見ていきましょう。（●♥）

●穏やかで安心感のある仲間との追いかけあそびやおにごっこなどを体験することは、人への信頼と自信の獲得につながります。（♥）

かかわりのヒント

●「やりた〜い」と率先して加わる子もいれば、しばらく観察してから加わり、楽しむ子もいます。また、ずっと見ているだけで楽しんでいる子もいます。それぞれの参加の方法があるので、子どもの意思を尊重し、柔軟に対応していきましょう。入ろうか、やめようかと迷う様子を見せる子には、「先生と一緒にやってみる？」など、子どもの負担にならないように配慮しながら、声をかけてみてもいいでしょう。（♥）

5

もぐら役の子が起きたら、つないでいた手を離して逃げる。
もぐら役の子は追いかけ、捕まえた子と役を交替する。

も ぐ ら ど ん の お や ど か ね
つ ち ご ろ り ま いっ た ほい

友達と一緒に楽しむわらべうた **7** CD NO.**59**

こ と し の ぼ た ん

ルールを
楽しむ

あそび例　｜　｜　｜　｜　**4歳**　**5歳以上**

1 「せっせっせーの
よいよいよい」

おに以外の子は輪を作り、手をつない
で前後に振る。おには輪の外に立つ。

2 ♪ことしのぼたんは
よいぼたん

手をつないだまま、右へ歩く。
おには見ている（5まで同様）。

3 ♪おみみを
からげて

手を離し、両耳のそばで
人さし指をくるくる回す。

4 ♪すっぽん
ぽん

両手のひらをこす
り合わせるように
3回たたく。

5 ♪もひとつおまけに
すっぽんぽん

3と4を繰り返す。

6 おにと子どもたちが
せりふをやり取りする。

いれて

いやよ

どうしても？

どうしても

やまにつれていってあげるから

やまぼうずがでるからいや

うみにつれていってあげるから

うみぼうずがでるからいやよ

かわにつれていってあげるから

かわぼうずがでるからいやよ

じゃあ、いえのまえをとおったら、ぼうでぶつよ

おおきいの？ ちいさいの？

おおきいの！

じゃあ、いれてあげる

7 ♪ことしのぼたんは〜
すっぽんぽん

おにも輪に加わって、手をつなぎ、
2〜5のしぐさを繰り返す。

8 つないでいた手を離し、再びせりふをやり取りする。

もうやめる

どうして？

おひるだから！

おひるのおかずはなあに？

ヘビとカエル

いきてるの？　しんでるの？

いきてるの

じゃあ、さようなら

9 おにが歩く後を、ほかの子たちがついて歩き、手拍子を打ちながら声を合わせて言う。

だれかさんのうしろにヘビがいる

10 おにが振り返り、指をさして聞く。ほかの子たちは、手や首を振って答える。

ちがう

ぼく（わたし）？

11 9、10を繰り返した後、おにの問いかけに「そう！」と答えて逃げる。おには追いかけて1人を捕まえ、役を交替する。

そう！

＋プラスワン

◎あそび例6のせりふのやり取りは、あそびを繰り返す中で数を増やしていきましょう。

◎あそび例の9、10、11は、リズミカルにやり取りすると、あそびが楽しくなります。

Dr. 星山レクチャー

♥…こころ　◆…からだ　●…あたま

解説 & 観察

●言葉のかけ合いがとてもおもしろく、知らない世界に誘われるような不思議な楽しさがあります。言葉もぎょっとするような単語が出てきますね。このあそびは、場面の切り替えと臨場感があるミニ劇場のような流れです。言葉は繰り返しが多く、リズミカルですが、やり取りが次々展開していきます。せりふのやり取りに戸惑っていないか、注意して見てください。（●）

●仲間がいるからこそそのかけ合いが楽しいあそびです。最後は、おにごっこになり、子どもは展開していくストーリーを集中して聴いています。この時間が、子どもにとってわくわくする楽しい時間なのでしょうね。その子なりに楽しんで参加しているか、一人一人の表情をさりげなく確かめましょう。（●♥）

かかわりのヒント

●場面の切り替え時に入っている「♪すっぽんぽん」は、子どもの世界ではなんともいえぬ魅力的な言葉の響きですね。やり取りする言葉が複雑になってきますが、この「♪すっぽんぽん」には、リセットできる明るさがあります。言葉の複雑さに戸惑っている子に向けて「大丈夫！」の思いを込め、大きなアクションで誘ってみましょう。（●♥）

●おにになって、うまくせりふが言えないと、どきどきする子もいるでしょう。保育者は、一緒にせりふを言ったり、一緒におにになったりして、子どもの力に合わせたかかわりを工夫します。（●♥）

こ と し の ぽ た ん は よ い ぽ た

ん ー
お み み を か ら げ て すっ ぽん ぽん
も ひ と つ お ま け に すっ ぽん ぽん

たまりや たまりや

ルールを楽しむ

あそび例 　　　　　　　　　　 **4歳** **5歳以上**

1 ♪たまりや　たまりや　おったまり

手をつないで輪を作り、輪の中心に向かって、リズムに合わせて7歩あるく。8歩目で、つま先かかかとで床をタッチする。

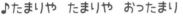
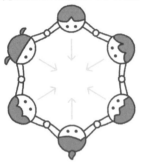

♪り　7歩目　　8歩目

2 ♪ぬけろや　ぬけろや　ねずみさん

リズムに合わせて、7歩後退した後、8歩目で、つま先かかかとで床をタッチする。

3 ♪たまりや　たまりや　おったまり

手をつないだまま、右へ7歩あるいた後、8歩目で、つま先かかかとで床をタッチする。

4 ♪ぬけろや　ぬけろや　ねずみさん

左へ7歩あるいた後、8歩目で、つま先かかかとで床をタッチする。

5 1〜4を繰り返し、みんなのリズムがそろって気持ちが盛り上がってきたら、おしまいにする。

おしまい

➕プラスワン

◎みんなの息が合ってくると、次第にテンポが速くなっていきます。両足をそろえるタイミング（休符）で、息を整えながら、繰り返しましょう。

◎あそびに慣れてきたら、二重円であそんでみましょう。何度か輪の内と外が入れ替わります。

1 ♪たまりや〜ねずみさん

（1回目）

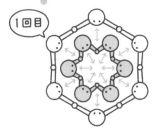

二重円のまま、あそび例1、2を行う。

2 ♪たまりや〜ねずみさん

（2回目）

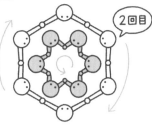

内側の輪はあそび例3、4を行う。外側の輪は歩く向きを逆にする。

3 ♪たまりや　たまりや　おったまり

（3回目）

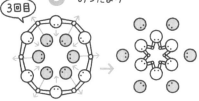

内側の輪の子は手を離し、身体をかがめながら、7歩後退した後、両足をそろえて止まる。外側の輪の子は、つないだ手を高く上げながら7歩前進した後、両足をそろえて止まる（輪の位置が入れ替わる）。

4 ♪ぬけろや　ぬけろや　ねずみさん

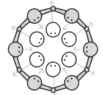

内側になった輪の子は、手を離し、身体をかがめながら後退する。外側になった輪の子は、つないだ手を上げながら、前進した後、止まる（輪の位置が元に戻る）。

5 ♪たまりや　たまりや　おったまり

6 ♪ぬけろや　ぬけろや　ねずみさん

3回目（3、4）と同じ要領で、輪の内側と外側が再び入れ替わる。

Dr. 星山レクチャー

♥…こころ　◆…からだ　●…あたま

【解説】 & 【観察】

●リズムや速さを友達とそろえることで、一体感を楽しむあそびです。「♪おったまり」「♪ねずみさん」の後の休符でみんなの息をぴたっと合わすところは、仲間あそび独特の楽しさでしょう。前後、左右の向きや、足の動きをそろえることなどに戸惑っている子がいないか、その子なりに楽しんでいるか、よく見てください。（●♥）

●繰り返すうちに、友達の動きやリズムを意識し、次第に速さをコントロールできるようになります。また、足の運びを意識することで、姿勢を保とうと全身のバランスを意識できるようになります。（◆●）

【かかわりのヒント】

●動く向きや足の運びなど、少しルールが複雑なので、ウォーミングアップを取り入れてもいいでしょう。例えば、前後左右の向きは変えずに、その場で足の動きだけを繰り返してみるなど、子どもの様子に合わせて工夫しましょう。（◆●）

●子どもの年齢や様子に合わせて、いろいろアレンジして楽しみましょう。例えば、一重円のあそびで、つないだ手を高く上げてアーチを作ったり、二重円のあそびで位置の入れ替わりを省略したり、いろいろなあそび方ができそうです。子どもたちからアイディアを出してもらうのもいいでしょう。（●♥）

（4回くりかえす）

たまりや　たまりや　おったまり　　ぬけろや　ぬけろや　ねずみさん

たけのこいっぽん

ルールを楽しむ

1 おにを決め、ほかの子はしゃがんで前の人の腰につかまり一列になる。先頭は木、または柱につかまる。

2 1の姿勢のままで、おにとほかの子が、やり取りするように交互にうたう。

♪たけのこいっぽんちょうだいな

♪まだめがでないよ

♪たけのこにほんちょうだいな

♪まだめがでないよ

♪たけのこさんぼんちょうだいな

♪もうめがでたよ　うしろのほうから　ぬいとくれ

3 うたが終わったところで、おにがいちばん後ろの子を引っ張る。列が切れた所の子が次のおにになる。

＋プラスワン

◎先頭の子だけが木や柱につかまり、ほかの子たちは、うたった後に一列になっておにが引っ張っても楽しいです。

Dr. 星山レクチャー
♥…こころ　◆…からだ　●…あたま

解説 ＆ 観察

●「あたま（やり取りする）」「からだ（しゃがんでバランスを取る）」「こころ（仲間と同じあそびを楽しむ）」という要素が統合され、子どもはとても楽しくなります。現代社会で失われがちな動きやかけ合いがたくさん入っていますね。（●◆♥）

●しゃがむ姿勢はバランスが取りにくく、体勢が不安定になります。でも、友達につかまることで安定するという経験が、友達を大切にする気持ちを育みます。また、後ろから引っ張られるとき、こらえようとすることで、足腰の力も心もたくましくなります。（◆♥）

かかわりのヒント

●おにとほかの子のかけ合いが楽しいですが、やり取りに慣れるまでは、みんなで一緒にうたうとよいでしょう。（●♥）

●長くしゃがんでいられない子や、友達につかまる力を調整するのが難しい子、つかまられることに抵抗を感じる子は、列を作らず、「＋プラスワン」で紹介しているようなスタイルで参加するなど、子どもが参加の方法を選べるように配慮しましょう。（◆♥）

（おに）　　　　　　　　　　　　（みんな）

たけのこいっぽん　ちょうだいな　まだめが　でないよ　　　うしろの　ほう　から　ぬいとくれ
たけのこ に ほん　ちょうだいな　まだめが　でないよ
たけのこさんぼん　ちょうだいな　もうめが　でた よ

かわのきしのみずぐるま

ルールを楽しむ

あそび例　4歳　5歳以上

1 ♪かわのきしの みずぐるま

奇数の人数で手をつないで、輪を作り、右へ8歩あるく。

2 ♪ぐるっと まわって

左へ8歩あるく。

3 ♪いそいで ふたりづれ

右へ8歩あるく。

4 ♪のこりは おによ

左へ7歩あるいて、8歩目で止まる。

5 ♪いちにっさん

手を離して拍手3回。両隣以外の友達とペアになり、手をつないでしゃがむ。

6 ♪かわのきしの〜 いちにっさん

残った1人がおにになり、片手を上げて、水車（みずぐるま）の軸になる。ほかの子は、おにを中心に再び輪を作る。2回目のあそびからは、おにが手拍子を打ってうたう速さをリードする。「♪いちにっさん」では、おには誰と手をつないでもOK。

＋プラスワン

◎おには、うたのテンポを自由に変えてリードします。最初のおには保育者がなります。

◎あそびに慣れるまでは、偶数人数であそび、ペアを作ることを十分に楽しみましょう。リード（おに）は保育者が行います。

Dr. 星山レクチャー

♥…こころ　◆…からだ　●…あたま

解説 & 観察

●回るときの歩数が合うと、ぴたっと止まれます。歩数と動きが合っているか観察しましょう。（◆●）

●両隣以外で相手を探すことは、自分の位置を捉える空間認知の発達を助け、対人関係を楽しく学ぶことができます。相手探しに困っている子がいないか、残った子（次のおに）が戸惑っていないかなど、全体の様子をよく見るようにしましょう。（●♥）

かかわりのヒント

●このあそびを楽しむには、スムースにペアを作れるかどうかがポイントになります。相手を見つけることが苦手な子には、「○○ちゃんがいるよ」とさりげなく言葉をかけるなど、子どもの姿に応じてサポートしていきましょう。（●♥）

●おにになった子がリーダーの役割も兼ねるあそびです。子どもによっては、あそび例6の動きや拍手のタイミングが遅れるなど、おにになるのを嫌がる子もいるので、寄り添っていきましょう。（●♥）

かわの きしの みずぐるま ぐるっと まわって いそ
いで ふたりづれ のこりは おに よ いちにっ さん

おちゃらか ホイ

ルールを楽しむ

あそび例　　　　　　　　5歳以上

1 ♪せっせっせーの

2人が向かい合って手をつなぎ、
リズムに合わせて上下に振る。

2 ♪よいよいよい

手をつないだまま、交差させる。ま
たは、交差させたまま、上下に振る。

3 ♪おちゃ

自分の右手で、左手をたたく。

4 ♪らか

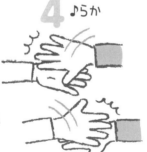

相手の左手をたたく。

5 ♪おちゃらか　おちゃらか

3、4を2回繰り返す。

6 ♪ホイ

じゃんけんをする。

7 ♪おちゃらか かったよ（まけたよ）（あいこで）

♪ かったよ　　　♪ まけたよ　　　♪ あいこで

じゃんけんに勝った子は両手を上げてバンザイをし、
負けた子は泣くまねをする。
あいこの場合は、2人とも腰に手を当てる。

8 ♪おちゃらか ホイ

3、4の後、じゃんけんをする。

＋プラスワン

◎2人組を作るとき、できるだけ同じ利き手同士でペアを作るようにします。

◎このあそびを理解して楽しめるようになったら、相手を替えてあそんでみましょう。

★ Dr. 星山レクチャー ★
♥…こころ　◆…からだ　●…あたま

解説 & 観察

●このあそびは、「♪おちゃらか」の楽しい音の響きとリズムに乗って、向かい合う相手とは異なる手の動作を続ける必要があります。この発達は個人差が大きくばらつきがあります。また、相手と動きを合わせられるかどうかも観察ポイントです。（◆●）

●歌とリズムが調子よく相手と合うと、どんどん楽しくなります。このようなあそびを通して、子どもは自分の速さや強さを知り、ときには相手に合わせたり、譲ったりすることを理解していくのです。（●♥）

●相手と動きを合わせる協調運動と、じゃんけん後の動作の判断が必要なので、5歳以上が楽しめるあそびでしょう。（◆●）

かかわりのヒント

●子どもは相手に対して、初級（互いにゆっくり）、中級（互いに速い）、上級（相手に楽しく合わせることができる）のどれだろうかと観察しています。うまくいかないときは、互いに無理のない組み合わせで楽しくあそべるように、相手を替える手伝いができるとよいでしょう。（●◆♥）

●テンポが速く、ルールも複雑なので、相手と動作を合わせることだけを楽しみ、じゃんけん後の動作の判断はなしにするなど、子どもの様子に応じて、アレンジするといいでしょう。（●♥）

せっ せっ せー の よい よい よい　おちゃらか おちゃらか
おちゃらか ホイ

おちゃらか　おちゃらか　かったよ　おちゃらか　ホイ
おちゃらか　おちゃらか　まけたよ　おちゃらか　ホイ
おちゃ　らか　あいこ　で　おちゃ　らか　ホイ

うたいだし索引

Profile

久津摩英子
(くづま えいこ)

元公立保育園保育士。現役の頃からわらべうたを保育に取り入れ、子どもたちの様子に応えてさまざまなアレンジを展開してきた。退職後、保育士時代の経験を元に、各地の保育園や子ども家庭支援センターでわらべうたを使った保育や親子あそびを指導。保育歴35年。子どもとことば研究会会員。わらべうたに関する著書多数。

星山麻木
(ほしやま あさぎ)

明星大学教育学部教育学科教授。保健学博士。養護学校での音楽教師を退職後、横浜国立大学大学院修士課程（障害児教育）、東京大学大学院医学系研究科国際保健学専攻（母子保健学）博士課程修了。メルボルン大学客員研究員、鳴門教育大学助教授を経て現職。日本音楽療法学会認定音楽療法士。発達サポーターや専門ボランティアなど多くの人材を育成。一般社団法人こども家族早期発達支援学会会長。発達支援に関する著書多数。

Staff

表紙・カバーイラスト ● すがわらけいこ

本文イラスト ● 有栖サチコ　すがわらけいこ　セキ・ウサコ　とみたみはる　中小路ムツヨ

表紙・カバーデザイン ● 長谷川由美

本文デザイン ● 長谷川由美　千葉匠子

音源制作（歌・録音）● 落合さとこ

楽譜 ● 石川ゆかり

企画・編集 ● ほいくりえいと（中村美也子）　中野明子

校閲 ● 草樹社